本书为浙江省哲学社会科学规划课题"新时代浙江民营企业家获得感研究"（22NDJC311YBM）的阶段性研究成果

李　萍◎著

社会治理现代化背景下的
社会群体心态研究

Under the Background of
Social Governance Modernization

Research on the
Mentality of Social Groups

ZHEJIANG UNIVERSITY PRESS
浙江大学出版社
·杭州·

图书在版编目(CIP)数据

社会治理现代化背景下的社会群体心态研究 / 李萍
著. --杭州：浙江大学出版社，2022.5
ISBN 978-7-308-22560-1

Ⅰ.①社… Ⅱ.①李… Ⅲ.①集体心理学—研究
Ⅳ.①C912.2

中国版本图书馆 CIP 数据核字(2022)第 069143 号

社会治理现代化背景下的社会群体心态研究
SHEHUI ZHILI XIANDAIHUA BEIJING XIA DE SHEHUI QUNTI
XINTAI YANJIU

李　萍　著

策划编辑	吴伟伟
责任编辑	马一萍
文字编辑	金　璐
责任校对	陈逸行
封面设计	雷建军
出版发行	浙江大学出版社
	（杭州市天目山路 148 号　邮政编码 310007）
	（网址：http://www.zjupress.com）
排　　版	杭州隆盛图文制作有限公司
印　　刷	广东虎彩云印刷有限公司绍兴分公司
开　　本	710mm×1000mm　1/16
印　　张	13
字　　数	206 千
版 印 次	2022 年 5 月第 1 版　2022 年 5 月第 1 次印刷
书　　号	ISBN 978-7-308-22560-1
定　　价	68.00 元

序

　　坚持和完善中国特色社会主义制度、推进国家治理体系和治理能力现代化，是我国全面深化改革的总目标。现代化的社会治理意味着发展进程中不仅要满足人民群众对安全稳定的需要，同时要为社会持续发展创造条件，这就要求我们要最大限度地营造自由开放的社会空间，激发社会各阶层和群体的积极性、主动性、创造性，促进他们最大限度的社会参与和国家建设。将社会心理服务体系建设作为民心工程，主动融入社会治理各领域，是现代化社会治理的重要手段。我国学界当下都在为社会心理服务体系建设和社会治理现代化努力贡献着各自的智慧，中共绍兴市委党校文化与统战教研室主任、副教授李萍的《社会治理现代化背景下的社会群体心态研究》一书又为这一集体智慧增添了一抹光亮。

　　浙江是新时代全面展示中国特色社会主义优越性的一个重要窗口，多年来浙江坚持"八八战略"再深化、改革开放再出发，坚持治理社会化、法治化、智能化、专业化，形成了具有浙江特色的现代化社会治理模式，在市场经济、现代法治、富民惠民、绿色发展等方面成果显著。面对"人民日益增长的美好生活需要和不平衡不充分的发展之间的矛盾"，浙江更是率先打造高质量发展建设共同富裕示范区。因此，本书一些篇章总结了浙江社会治理的实践与探索，以及浙江民众心态的同步变化，这对全国各地的社会治理和社会心理服务体系建设无疑都具有借鉴意义。

2020年，新冠肺炎疫情暴发初期，浙江省各级政府及时部署了强有力和富有人文关怀的措施，省内各地民众也积极响应政府的号召，积极应对。浙江的实践有赖于健全的社会心理服务体系和危机干预机制及完善的社会矛盾纠纷多元预防调处化解综合机制，这些机制培育了生活在该地区的民众自尊自信、理性平和、积极向上的社会心态。当公共卫生事件突然发生时，民众感到生命财产安全受到威胁，心理波动明显，网络媒体又极容易放大民众的焦虑情绪，在这种情况下，及时了解民众的心态，快速提出应对建议，防范化解相关风险就显得尤为重要。因此，社会心理服务体系不仅要关注对个体心理的干预，更要关注对家庭、社区、单位的群体干预，还要突出中国文化的群体主义特色。在抗疫过程中，浙江民众表现出了同心同德的精神，浙江政府、基层组织和机构表现出了富有地方特色的组织和治理风格，尤其是浙江省的浙商群体在其中发挥了重要的作用，这些重要的地方特色经验在本书的一些章节中都得到了很好的总结。

李萍的书中的每一篇文章都是她带领团队深入基层调研的成果，每一项研究都是基于这些调研数据深入探究的结果。尤其是书中关于浙商获得感和社会责任的思考、关于公共危机事件中民众信心和政府信任的探讨、关于基层干部工作态度与社会心理服务开展方式的体察等内容，是她和她的团队为省市各级政府提交的咨政报告，为各级政府提供了重要参考。

社会治理是国家治理体系和治理能力现代化的重要组成部分，是国家治理在社会领域的体现。发展与治理的良性互动推动着现代化的持续发展。唯愿更多社会心理学者深入思考社会心理服务体系建设的核心要义，像李萍那样，秉持一颗拳拳赤子之心，为百姓、社会和国家做一些实实在在的贡献。

中国科学院研究员
中国社会心理学会会长　　　张建新

2022年2月

目　录

下　篇

突发事件中的民众心态研究

疫情暴发初期社会民众心态调查①

在新冠肺炎疫情暴发后,中共绍兴市委党校课题组联合全国党校系统及相关部门采用分层抽样的调查方法对民众进行了社会心态的网络问卷调查。调查在"问卷星"在线调查平台上进行,共收回有效问卷8205份。调查时间为2020年1月30日至2020年2月5日。此次调查人数共计8205人,其中男性2394人,占比29.2%,女性5811人,占比70.8%;调查对象平均年龄为36.24±10.70岁。从行业看,医务人员占11.6%,公职人员占15.4%,民营企业负责人占4.4%。

调查结果显示:群体恐慌情绪有待疏解,各级政府及相关部门须进一步加强信息治理,注重信息公开的透明度与社会心理承受的匹配度;调查对象对疫情防控工作总体满意,各级政府及相关部门须更加关注基层执行中的科学性与法理性;民众的凝聚力、正义感在提升,幸福感、信任度在下降,各级政府及相关部门须迅速介入多层次社会心理干预;社会共性期盼集中,不同群体关切特征明显,各级政府及相关部门须加强全局应对的综合性和针对性。

一、群体情绪有待疏解

总体来说,91.2%的调查对象表示疫情信息公开透明。各省份数据中,疫情集中暴发地民众对信息公开和信息透明度的评价明显低于其他省份。

具体来说,关注程度上,76.0%的调查对象表示每天会花一小时及以上的

---

① 原题目为"疫情下的社会心态调查",刊登在中共浙江省委党校(浙江行政学院)《决策参阅》2020年第2期。

时间来关注疫情动态;获取途径上,网络(手机)是最主要途径,占比达到74.8%,仅19.9%的民众是通过电视获取信息;信息鉴别上,有28.9%的调查对象认为自己不能确定信息的真伪。对于防护的科学知识,调查结果显示调查对象中有点了解相关医学知识的比例达91.2%,外出戴口罩、勤洗手、减少聚会等的知晓率在93.0%以上,但是居家隔离注意事项的知晓率比较低。

基于各类信息的心理反馈,调查对象表示存在一定恐慌情绪,尤其在周边出现确诊或疑似病例后,存在恐慌情绪的比例比平均水平高出10个百分点。同时,对于恐慌情绪的负面影响,大部分民众也有较为理性的认识,53.2%的人认为恐慌会加剧事件的严重程度。

针对这样的情况,我们建议各级政府及相关部门要进一步加强信息治理。一是信息发布既要注重时效性,也要突出信息量,做到及时又充沛。充分发挥官媒的权威性和商媒、自媒的科普性,充分利用各地文化特色,制作并传播民众通俗易懂的宣传资料。二是信息发布须进行社会心理评估。正向信息,如治愈人数、防范措施、新药研制、政府举措等,可进一步增加播放的频次;风险信息,如发病人数、死亡人数、感染轨迹等易引起个体的高风险知觉,有可能导致非理性的恐慌。各级政府及相关部门须有效评估社会心理承受度,注重防控非理性、非官方的形势解析和预测,以免引发扩散性恐慌。三是加大虚假信息打击力度。对极少数别有用心者依法严肃惩处,以起到警示作用。疫情防控期间,我们既要抗击病毒,也要战胜令人担忧的恐慌情绪。

二、调查对象对疫情防控工作总体满意

调查显示,95.8%的调查对象对疫情防控工作表示满意,但个别集中暴发地民众的评价相对较低,满意度为69.7%。分层来看,对政府及相关部门,肯定性评价占比为93.5%,其中S市最高(95.5%);对基层街道(乡镇)和社区(村),肯定性评价占比为93.8%,同样也是S市最高(98.5%);对民间社会组织,肯定性评价占比为45.3%,其中J省最高(66.5%)。

同时,有87.6%的调查对象反映,各地在开展疫情防控工作的过程中应更多地遵循应急管理的制度法规。有些防控举措存在"一刀切"的情况,个别基

层干部在防控过程中行为过激、风险意识淡薄,出现简单粗暴的政策或行为,如设障断路、封锁隔离人员家门、建立重点地区人员行踪有奖举报制度等,在群众中造成不良影响。

根据以上情况,我们建议进一步强调各级政府及相关部门的科学管理与理性防控。一是依法防控。根据《中华人民共和国突发事件应对法》,各级政府及相关部门应对不同地区(县市为单位)实行分级防治,可以分为紧急状态、应急管理状态、一般防御状态、正常生产生活状态等;对行业返工返岗等也应细分,根据实际精准施策,保障必要的社会运行效率。二是提升基层干部应对突发事件的能力。在疫情防控的摸排工作中,既要科学、理性,也要暖心、贴心。三是激发社会组织的动员和救济潜力。发挥社会组织专业优势、资源优势、信息优势等,使其成为政府力量的有效补充。

三、凝聚力、正义感在提升,幸福感、信任度有一定下降

调查显示,调查对象中认为疫情期间社会凝聚力比平时更强的比例达82.5%。比如,22.5%的调查对象表示已经自发参与到相关志愿活动中,这一比例随着组织推动和返岗返工进程的开展继续上升。民众对危难之际牟取不义之财的行为深恶痛绝,60.9%的人反映没有在周边发现囤积居奇的现象,但个别省份的这一比例则相对较低,这也反映出在部分地区个别不良商贩的行为要特别关注。

同时,调查反映疫情期间民众主观幸福感较平时下降了18.9%,人与人之间的信任度,尤其对陌生人的信任度下降了不少。特别需要注意的是,有11.8%的调查对象明确表示需要心理援助,需求重点在于疫情引发的负性情绪、周边人被感染后的强迫性思维;与需求相比,仅有三分之一左右的调查对象反映当地能够满足心理援助需求,供需落差较大。

依据上述情况,我们建议各级政府及相关部门迅速介入多层次社会心理干预。一是个体层面,民众需要接纳自己的主体境遇,积极应对不确定性危机,既要倡导规范自我行为、提升道德素养,也要加快启动和开放个人心理援助渠道,开展重点人群动态性心理评估和群体性心理知识宣传,将心理干预纳

入防控工作清单。二是社会层面,将传统道德化动员手段和现代制度化保障手段结合起来,如考虑为参与疫情防治的相关人员提供高额保险,落实各种待遇,解除后顾之忧。三是国家层面,强化领袖号召、国家安全、公众利益等主题性舆论宣传,进一步增强和巩固社会凝聚力。

四、社会共性期盼集中,不同群体关切特征明显

调查显示,民众最期盼的需求集中在三个方面,依次是尽快恢复经济社会秩序(91.9%)、完善社会应急体系(80.3%)、加强心理调适(71.8%)。不同领域、行业人群也有不同关心侧重,比如医务人员对医疗资源紧缺更为关注,公职人员对工作安全更为担忧,民营企业负责人对生产损失、财产安全更为焦虑。

根据这样的情况,我们建议在做好防控的同时,各级政府及相关部门要强化全局性应对,综合施策,多措并举,提前布局,将工作重点转移到恢复经济社会上,最大化实现民众共性期盼和群体关切。一是及时评估不同行业风险,对有效复工生产、稳定社会就业、恢复产品物流、支付出口订单、保障信贷资金等出台针对性政策措施,助推各类经济主体渡过难关。二是研究扶助中小企业的特殊政策,比如税费政策,返还前三年一定比例的税费,对面临暂时性生产经营困难的中小企业暂缓缴养老保险、失业保险和工伤保险等。三是建立临时信息平台,推动不同企业、行业、地区之间的资源互助,如"盒马"与"西贝"共享员工的做法,有效降低了企业"待机"损耗,缩短了全面复工复产前的空转期。

突发事件中民众参与协作的行动与意愿

一、问题的提出

新冠肺炎疫情对人民群众的生命财产安全造成了严重威胁。为了打赢这场抗击疫情的阻击战,预防、减缓和消除其带来的危害,在国家统一指挥下,社会各界迅速反应、协调配合,真正做到了应急管理中权力、力量与保障的集中。[①] 面对这场突发公共事件,作为核心领导力量的党中央进行了有效的社会动员,积极调动各类非政府组织、个人的力量。由上至下的全面配合使我国形成了"社会动员、群防群控合力"的全民抗击新冠肺炎疫情的局面。[②]

陌生的病毒以及快速的病毒传播使民众在疫情初期较为担忧与恐慌。但在浙江省各级政府超前布置、精密防控、及时发布相关信息等政策引导下,民众逐渐战胜恐惧心理,积极投入抗击行动中。

社会心态与民众的行为表现息息相关,浙江省能够取得一些成绩,与浙江民众面对突发公共卫生事件的心理状态密不可分。本研究的目的是分析公共卫生事件突发时,相关信息的公开透明度与民众对政府的信任度的关系,以及二者对民众抗击突发公共卫生事件的参与意愿和行为的助推作用,尝试探讨面对突发重大风险事件时,有效疏导民众恐慌心态、促进民众与政府紧密合作的有效路径。

---

① 龚维斌:《应急管理的中国模式——基于结构、过程与功能的视角》,《社会学研究》2020 年第 4 期。
② 宋林飞:《国家公共卫生应急管理原则与指标体系》,《社会学研究》2020 年第 4 期。

二、信息公开与政府信任的号召作用

现代社会、民众对政府的信任建立在政府信息公开的基础上。在应对突发事件的集体行动中,信息公开更是团结防控中的重要一环。2003年非典型病原体肺炎、2008年汶川大地震以来,我国已逐步健全了应对突发事件的法律规范体系。《突发公共卫生事件应急条例》《中华人民共和国政府信息公开条例》都突出强调"公开透明原则"的重要性。

(一)政府信息公开透明度

德国社会学家乌尔里希·贝克(Ulrich Beck)在其1986年出版的《风险社会:新的现代性之路》(*Risk:Towards a New Modernity*)一书中首先提出了风险社会的概念。贝克认为,在人类社会发展的不同阶段,人们面临的风险与风险来源是有很大区别的:在前工业社会,自然灾害是人类面临的主要风险;在工业社会,安全事故和意外伤害是对人类威胁最大的风险;而在当今的风险社会,人类要面对的主要风险来自金融变换、核泄漏、生物变异等科学技术领域。[1] 自然灾害、事故灾难、公共卫生事件、社会安全事件等突发事件对社会生活与社会秩序的冲击和破坏极大,是典型的社会风险。当公众处于社会风险中时,其没有足够的知识和理性来评价现实风险,因此公众的风险认知与专家的风险认知会存在较大的差异,这就可能导致公众对信息的发布方——政府或者专家缺乏信任[2],从而降低了他们参与抗击重大突发事件行动的积极性。

例如,在疫情暴发初期,人们感受到强大的健康威胁,更迫切地想了解事件进展情况。被迫"宅家"的状况下,人们的社会交往更多通过网络进行,彼此之间的陌生性和匿名性加强[3],容易导致风险的非理性放大[4]。这个时候,信

---

① 乌尔里希·贝克:《风险社会:新的现代性之路》,张文杰、何博闻,译,南京:译林出版社,2018年。

② 李小敏、胡象明:《邻避现象原因新析:风险认知与公众信任的视角》,《中国行政管理》2015年第3期。

③ 王玉良:《缺失与建构:公共冲突治理视域下的政府信任探析》,《中国行政管理》2015年第1期。

④ 蒋晓丽、邹霞:《社会风险放大的新型场域——基于技术与文化的视角》,《上海行政学院学报》2015年第3期。

息公开的及时性和透明度会彰显政府对待突发事件的负责态度,可以增强民众对防控的信心。①

(二)政府信任

政府信任是公众在期望与认知之间对政府运作的一种心理认同和评价态度,是政府与公众在合作过程中所产生的心理预期、理性认知、情感偏好和价值取向等主观因素的相互作用和相互影响,其实质是公众对政府的信赖、期望、托付与支持度。② 信任可以为共同体提供情感支持,驱动共同认识、互相信任和共同价值观等积极情感的产生,促进广泛的公众参与。政府信任有助于提升公众对政府举措取得成效的信心,更会促进公众积极响应政府号召、积极配合政府的行为,是推动公民参与政策制定和执行的因素之一。其原因一是高度信任政府的公民能够感受到政府具有全心全意为社会和公民服务的精神③;二是政府信任可以促使公民换位思考,更好地理解政府的行为,提高他们对公共政策的支持度,进而促进公民参与④。

政府信任源于治理绩效。政府信任的内在结构可分为"动机信任""决心信任""能力信任"与"知情信任"四个维度。⑤ 也就是说,如果民众相信政府是动机好、能力强、有决心与知民情的,那么政府信任就高;相反,其中任何一个信任维度降低,都会影响民众对政府的总体信任。

(三)突发事件期间的民间参与

在采取措施应对环境危机(如雾霾)时,政府和公众都不仅依靠自身资源,

① 王俊秀、周迎楠、刘晓柳:《信息、信任与信心:风险共同体的建构机制》,《社会学研究》2020 年第 4 期。
② 王玉良:《缺失与建构:公共冲突治理视域下的政府信任探析》,《中国行政管理》2015 年第 1 期。
③ 宋典、芮国强、马冰婕:《政府信任、政治效能感和媒介接触对公民参与的影响——一个基于文明城市创建领域的调查分析》,《苏州大学学报(哲学社会科学版)》2019 年第 3 期。
④ 张川川、胡志成:《政府信任与社会公共政策参与——以基层选举投票和社会医疗保险参与为例》,《经济学动态》2016 年第 3 期。
⑤ 肖唐镖、赵宏月:《政治信任的品质对象究竟是什么?——我国民众政治信任的内在结构分析》,《政治学研究》2019 年第 2 期。

还寻求从社会情境中获得帮助与支持。[①] 公众以积极、信任的态度配合政府的政策,也会有效消解危机带来的巨大冲击。比如,民众自发主动参与抗击突发公共卫生事件的志愿行动、主动捐款捐物。这一方面代表了公民主动参与斗争的积极性。公民参与可以提高社会自我救助能力,降低危机治理成本,是提高危机预警能力的基础,弥补"政府失灵"的有效手段。[②] 另一方面公民参与在一定程度上也有利于公众与政府合作,社会与政府的合作互动关系就能和谐融洽,能产生强大的社会动员力和组织协调力,使政府可以及时采取有效的危机应对措施。

三、研究假设

疫情信息与民众自身安危息息相关,是其判断危机状况的重要参考。公开透明的信息发布可以让民众感受到政府积极抗疫的态度和决心,因而增强民众对政府的信任。据此,本研究提出假设 1。

假设 1:疫情信息发布的公开透明度越高,民众对政府的信任越强。

政府的防范措施等正性信息能提高个体风险认知水平,使民众保持理性的应对行为。同时,对政府的信任让人们更愿意参与和支持政府应对危机的各种举措。据此,本研究提出假设 2 和假设 3。

假设 2:民众对政府成功抗疫的信心(政府信任)越强,参与抗疫的意愿越高。

假设 3:民众对政府成功抗疫的信心,是疫情信息透明度和参与抗疫行为意愿之间的中介因素。

---

① 李华强、韩译萱、范春梅:《雾霾危机情境下应该如何应对?——基于高阶与低阶应对行为分类的视角》,《中国行政管理》2017 年第 6 期。

② 徐庆利、臧传敏:《公共危机治理中公民参与的路径构建》,《陕西行政学院学报》2018 年第 4 期。

四、研究方法

(一)样本状况

本调查研究共设计了两套问卷,第一套问卷 51 题,第二套问卷 46 题(第二轮开始用第二套问卷),内容涉及对政府治理能力(包括信息公开度)的评价、个人应对意愿和抗疫行为等内容。

问卷由中共绍兴市委党校与河南大学社会心理学领域的研究者共同设计,于 2020 年 1 月 30 日至 3 月 4 日,通过网信浙江、浙江新闻客户端 APP 和"问卷星"平台向民众发起疫情下民众社会心态网络调查。共收集有效样本 26723 份,其中浙江样本 18109 份,非浙江样本 8614 份。

浙江样本数据的收集又按照浙江疫情节点分为四轮,具体如下。

第一轮:2020 年 1 月 30 日 10:30 至 2020 年 2 月 5 日 9:30。此阶段浙江启动重大突发公共卫生事件一级响应,国内输入性风险剧增,部分社区实行封闭管理。第一轮回收 3402 份有效问卷。调查人数中,男性 1280 人,占 37.6%,女性 2122 人,占 62.4%,平均年龄 39.53±10.03 岁。

第二轮:2020 年 2 月 8 日 11:20 至 2020 年 2 月 13 日 12:00。社区村居全部封闭管理,民众居家谨慎外出。第二轮回收 8099 份有效问卷。调查人数中,男性 3855 人,占 47.6%,女性 4244 人,占 52.4%,平均年龄 27.20±9.25 岁。

第三轮:2020 年 2 月 13 日 12:00 至 2020 年 2 月 23 日 16:00。复工复产陆续启动,但困难重重,个别地市归国人员的输入性感染风险提上议事日程。第三轮回收 2676 份有效问卷。调查人数中,男性 982 人,占 36.7%,女性 1694 人,占 63.3%,平均年龄 26.79±14.25 岁。

第四轮:2020 年 2 月 23 日 16:00 至 2020 年 3 月 4 日 18:00。浙江重大突发公共卫生事件防控应急响应调至二级,国外的情况也不容乐观,企业订单由前期的催促转换为取消,产业链中断,病毒感染风险依旧存在,新的问题不断出现。第四轮回收 3932 份有效问卷。调查人数中,男性 2167 人,占 55.1%,

女性 1765 人,占 44.9%,平均年龄 31.40±8.40 岁。

研究使用统计分析软件 SPSS 18.0 对数据进行统计分析。

(二)变量设置

本研究的核心变量分别为以下 3 个。

1. 被解释变量

(1)民众捐款捐物的意愿:问卷中相应的题目为"如果您有意愿捐款捐物,您最希望通过下列哪种途径对疫情严重地区进行援助?"捐助对象的选项分政府医院、校友会、同乡会等民间社团、党组织,以及水滴筹等网络平台这四种情况。

(2)民众参与抗疫志愿活动:问卷中相应的题目为"您参与了本次抗击新冠肺炎疫情的志愿工作吗?"选项"是"记为 1,"否"记为 2。

2. 解释变量

(1)信息透明度:"您认为当地有关疫情的报道公开透明吗?"选项分为非常透明、比较透明、比较不透明和非常不透明四个等级。其中非常不透明赋值为 1,非常透明赋值为 4。

(2)政府信任:对政府抗击疫情取得胜利的信心,在问卷中的代表性题目为"您对我国能够有效地防控此次疫情有多大信心?"选项从 1 到 5 表示信心水平逐渐增高,1 代表完全没有信心,5 代表非常有信心。

3. 控制变量

(1)性别:将性别变量进行二分处理,男性编码为 1,女性编码为 2。

(2)年龄:根据出生年份的填答结果,分为 00 后、90 后、80 后、70 后、60 后和 50 后及以上六个年龄组,变量相应赋值 1—6。

(3)文化水平:用 1—5 分别对应初中及以下、高中、大专、本科、硕士及以上选项,对文化水平进行编码。

五、研究结果

(一)民众对疫情防控举措的主观评判和参与意愿

1.关于信息公开透明度的感受

关于浙江政府信息的公开透明性,98.00%的民众是高度肯定的,其中认为"非常透明"的占42.14%,认为"不透明"的只占0.35%。从四轮调查的结果看,认为"非常透明"的从第一轮调查的28.73%上升到52.99%,认为"比较透明"和"不透明"的占比持续下降。

各信息获取渠道的信息透明度之间具有显著性差异($p<0.05$)。其中,调查对象普遍认为"中央媒体(新华社、央视、人民日报、人民网等)、政府官方网站、政务微信/微博、政务抖音、政务 APP 等,基层政府、村居委会的通知/公告"透明度最高。这更加说明了民众对于官方消息的信赖程度更高。

2.对政府的信任

各轮调查结果对比显示:民众对于我国疫情防控的信心稳步增强,第四轮中表示"完全没有信心"的占比清零。对民众疫情防控信心进行轮次间差异显著性分析,证明各轮数据间存在显著性差异($p<0.05$)。这说明疫情防控卓有成效,并得到了广大人民群众的高度认同与支持,且随着疫情的逐步发展与控制,民众信心越来越强。

3.公民参与抗疫行动

(1)参与抗疫的志愿活动:我国疫情防控工作的成果,除了政府及有关部门的部署与执行,还离不开广大民众的积极配合。在本次调查中,有一半以上的调查对象参加过疫情防控的志愿活动(见表1)。

表 1 民众在疫情期间的志愿服务情况

轮次	参加了疫情防控志愿活动	未参加疫情防控志愿活动
第一轮	27.68％	72.32％
第二轮	60.01％	39.99％
第三轮	59.51％	40.49％
第四轮	64.10％	35.90％

（2）捐款捐物的意愿：民众还通过捐款捐物的形式参与抗疫，只是人们对捐助对象的偏好存在群际差异。本次调查中，男性更偏重直接向党组织捐献特殊党费；而女性则更偏重向疫情严重地区的政府部门或直接联系当地医院进行捐助；年龄越大，越倾向于选择"向党组织捐献特殊党费"；年龄越小，越倾向于选择"向疫情严重地区的政府部门或直接联系当地医院进行捐助"。

（二）变量之间的关系

1.信息透明度对政府信任的影响

信息公开透明度影响人们对政府的信任。信息发布公开透明可以使人们及时而准确地获知疫情进展情况，了解哪些领域的工作遇到困难、需要人的帮助，同时也能增强协同作战的信心。模型 1 首先考察了性别、年龄、职业、文化水平作为控制变量的作用（见表 2）。结果发现，女性、文化水平偏高的群体，对防控疫情取得胜利的信心更强。模型 2 加入了信息发布公开透明度变量。结果发现，信息透明度对政府信任的影响显著（$\beta=1.398, p<0.01$），二者呈积极正向的关系，越是认为政府发布的疫情信息公开透明的人，对政府可以成功抗击的信心越强。

表 2　政府信任对信息公开透明度的回归模型估计

变量		模型 1			模型 2		
		β	SE	VIF	β	SE	VIF
控制变量	性别	1.231**	0.112	1.035	1.234**	0.112	1.035
	年龄	−0.016	0.032	1.057	−0.062	0.034	1.063
	文化	0.092**	0.058	1.160	0.117**	0.059	1.161
	职业	0.078	0.036	1.138	0.151	0.038	1.152
解释变量	透明度				1.398**	0.081	1.021
常量		0.105			0.184		
F		41.829			104.197		
R^2		0.011			0.034		
调整后 R^2		0.011			0.033		

注：*，** 分别表示 $p<0.05$，$p<0.01$。

2.信息透明度对参与抗疫行动的影响

本次调查共设置"参与志愿活动"和"捐款捐物"两个题目来反映参与抗疫行动。参与志愿行动是二分变量，模型 1 首先考察了性别、年龄、职业、文化水平作为控制变量的作用(见表 3)。结果发现，文化水平偏低的群体，参与抗疫行动的意愿更强。模型 2 加入了疫情信息公开透明度变量。结果发现，信息透明度对参与志愿活动的影响显著($\beta=0.382$，$p<0.01$)，二者呈积极正向的关系，越是认为政府发布的疫情信息是公开透明的人，越积极参加相关志愿活动。另外，随着疫情的进展，到后两轮调查时，人们参与抗疫志愿活动的积极性有所提高。

表 3　参与抗疫行动对信息透明度的回归模型估计

变量		模型 1			模型 2(参加志愿活动)			模型 3(政府医院)			模型 4(党组织)		
		β	SE	VIF	β	SE	VIF	β	SE	VIF	β	SE	VIF
控制变量	性别	0.101	0.074	1.035	−0.316**	0.037	1.035	0.494**	0.060	1.035	−0.446**	0.036	1.035
	年龄	0.010	0.025	1.057	0.042**	0.013	1.063	−0.246**	0.017	1.063	0.183**	0.012	1.063
	文化	−0.199**	0.042	1.160	−0.046*	0.022	1.161	0.003	0.035	1.161	0.112**	0.022	1.161
	职业	0.142	0.027	1.138	−0.496**	0.012	1.152	0.032	0.020	1.152	−0.093**	0.013	1.152

续表

变量		模型 1			模型 2(参加志愿活动)			模型 3(政府医院)			模型 4(党组织)		
		β	SE	VIF	β	SE	VIF	β	SE	VIF	β	SE	VIF
解释变量	信息透明度				0.382**	0.032	1.021	0.113*	0.053	1.021	0.425**	0.033	1.021
常量		0.051			0.393			0.158			0.229		
F		9.882			546.021			76.301			164.577		
R^2		0.003			0.155			0.025			0.052		
调整后 R^2		0.002			0.154			0.025			0.052		

注：*，**，*** 分别表示 $p<0.05$，$p<0.01$，$p<0.001$。

捐款捐物一题设置了多个选项，且是多选题。因而数据分析时，按照捐赠对象的不同，分为捐给政府医院及相关组织，捐给校友会、同乡会、同业会，捐给党组织，以及捐给水滴筹等网络平台四个被解释变量，并分别进行考察。结果显示，只有捐款给"政府医院"和"党组织"两个项目受信息透明度的显著影响。模型 3 展示的是捐款给政府医院的结果，女性、年纪小以及认为信息透明度高的人（$\beta=0.113$，$p<0.01$），更倾向于选择政府医院渠道捐款捐物。模型 4 展示的是捐款给党组织的结果，男性、年龄较长、文化水平偏高，并且认为疫情相关信息发布公开透明的人（$\beta=0.425$，$p<0.01$），越倾向于向党组织捐款捐物。

3. 政府信任对参与抗疫行动的影响

政府信任也有助于提高参与抗疫的积极性。如表 4 所示，政府信任对参与志愿活动的影响显著，二者呈积极正向的关系。政府信任越强，民众越坚信政府能够带领人们取得抗疫的胜利，越会积极参加相关志愿活动（$\beta=0.283$，$p<0.01$），主动向政府医院（$\beta=0.253$，$p<0.01$）和党组织（$\beta=0.462$，$p<0.01$）捐款捐物的意愿也越强。

表 4　参与抗疫行动对政府信任的回归模型估计

变量		模型 1			模型 2(参加志愿活动)			模型 3(政府医院)			模型 4(党组织)		
		β	SE	VIF	β	SE	VIF	β	SE	VIF	β	SE	VIF
控制变量	性别	0.101	0.074	1.035	−0.312**	0.037	1.040	0.518**	0.061	1.040	−0.422**	0.036	1.040
	年龄	0.010	0.025	1.057	0.044**	0.013	1.069	−0.252**	0.017	1.069	0.180**	0.012	1.069
	文化	−0.199**	0.042	1.160	−0.048*	0.022	1.161	0.007	0.035	1.161	0.111**	0.022	1.161
	职业	−0.142**	0.027	1.138	−0.503**	0.012	1.146	0.036	0.020	1.146	−0.098**	0.013	1.146

续表

变量		模型 1			模型 2(参加志愿活动)			模型 3(政府医院)			模型 4(党组织)		
		β	SE	VIF	β	SE	VIF	β	SE	VIF	β	SE	VIF
解释变量	政府信任				0.283**	0.038	1.029	0.253**	0.059	1.029	0.462**	0.043	1.029
常量		0.051			0.386			0.160			0.222		
F		9.882			523.881			78.628			154.716		
R^2		0.003			0.149			0.026			0.049		
调整后 R^2		0.002			0.149			0.025			0.049		

注：*，**，*** 分别表示 $p<0.05$，表示 $p<0.01$，表示 $p<0.001$。

(三)政府信任在信息透明度和民众参与行为之间的中介效应检验

信息发布公开透明可以使人们及时而准确地获知疫情进展情况,了解哪些领域的工作遇到困难、需要人的帮助。因而,主观感知到的信息公开透明度,在一定程度上影响着人们参与抗疫的行动意愿。同时,疫情期间民众的风险感知和信息发布效果评判与对政府的信任密切相关,公开透明的信息发布证明政府防控疫情的决心大、能力强,这在一定程度上也影响民众参与抗击疫情的积极性。

判断中介效应存在必须满足三个条件:首先,自变量对因变量存在显著影响;其次,自变量对中介变量存在显著影响;最后,自变量和中介变量共同解释因变量时,中介变量效应显著而自变量的效应消失或减弱。本研究将上述变量都作为显变量处理,并在对所有变量进行中心化处理后,探讨政府信任在信息透明度与参与抗疫志愿活动之间的中介作用。检验分四步进行。

第一,以信息公开透明度为自变量,以参与抗疫志愿活动为因变量进行回归分析,检验 c 关系,不显著则终止检验。

第二,以信息公开透明度为自变量,以对政府的信任为因变量进行回归分析,检验 a 关系。

第三,以对政府的信任为自变量,以参与抗疫志愿活动为因变量进行回归分析,检验 b 关系。如果 a、b 中有一个不显著,则做 Sobel 检验。

第四,以信息公开透明度和对政府信任为自变量,探讨其与参与抗疫志愿活动的关系,检验 c' 关系。

结果表明,控制了相关人口学变量(包括性别、年龄、文化水平、职业类型)后,信息透明度对参与志愿活动有显著影响($\beta = 0.078, p < 0.01$),同时信息透明度对政府信任也有显著正向预测作用($\beta = -0.275, p < 0.01$),在加入政府信任变量后,信息透明度对参与志愿活动的影响系数减弱($\beta = 0.070, p < 0.01$)(见表5)。信息透明度通过政府信任作用于参与志愿活动的间接效应得到验证,通过公式 $ab/(c' + ab) = 0.078/(0.070 + 0.078)$,求得本研究中政府信任的中介效应占总效应的比例为 52.6%。

表5 政府信任在信息透明度和参与抗疫志愿活动之间的中介效应检验

变量	参与志愿活动	政府信任	参与志愿活动		中介作用
	回归 1(c)	回归 2(a)	回归 3(b)	回归 4(c')	
常数项	1.113**	0.628***	0.386***	1.131***	
	(0.023)	(0.024)	(0.027)	(0.024)	
性别	−0.059***	0.064***	−0.312***	−0.058***	
	(0.007)	(0.007)	(0.037)	(0.007)	
年龄	0.008**	−0.027***	0.044***	0.007**	
	(0.003)	(0.003)	(0.013)	(0.003)	
文化	−0.008	0.014**	−0.048**	−0.008	
	(0.004)	(0.004)	(0.022)	(0.004)	
职业	−0.111**	0.015**	−0.503*	−0.111**	部分中介
	(0.002)	(0.002)	(0.012)	(0.002)	
信息透明度	0.078***	0.275***		0.070***	
	(0.006)	(0.007)		(0.007)	
政府信任			0.283***	0.028***	
			(0.038)	(0.008)	
调整后 R^2	0.154	0.132	0.149	0.155**	
F	146.934***	1786.354***	523.881***	79.625***	

注:*,**,***分别表示 $p < 0.05$,表示 $p < 0.01$,表示 $p < 0.001$;()内数字为标准误差 SE。

信息透明度对给政府医院捐款捐物有显著影响($\beta = 0.009, p < 0.01$),在加入政府信任变量后,信息透明度对参与志愿活动的影响系数减弱($\beta = 0.004, p < 0.01$)(见表6)。信息透明度通过政府信任作用于参与志愿活动的间接效应得到验证,通过公式 $ab/(c' + ab) = 0.070/(0.004 + 0.070)$,求得本研究中政府信任的中介效应占总效应的比例为 95.3%。

表 6　政府信任在信息透明度和给政府医院捐款捐物之间的中介效应检验

变量	参与志愿活动	政府信任	给政府医院捐款捐物		中介作用
	回归 1(c)	回归 2(a)	回归 3(b)	回归 4(c')	
常数项	0.885*** (0.014)	0.628*** (0.024)	0.160*** (0.027)	0.895*** (0.014)	完全中介
性别	0.037*** (0.004)	0.064*** (0.007)	0.518*** (0.061)	0.038*** (0.004)	
年龄	−0.024*** (0.002)	−0.027*** (0.003)	−0.252*** (0.017)	−0.024*** (0.002)	
文化	0.001 (0.003)	0.014** (0.004)	0.007 (0.035)	0.001 (0.003)	
职业	0.003 (0.001)	0.015*** (0.002)	0.036* (0.020)	0.003* (0.001)	
信息透明度	0.009* (0.004)	0.275*** (0.007)		0.004 (0.004)	
政府信任			0.253*** (0.059)	0.017*** (0.005)	
调整后 R^2	0.025	0.132	0.026	0.025	
F	4.863**	1786.354***	78.628***	8.55***	

注：*，**，*** 分别表示 $p<0.05$，$p<0.01$，$p<0.001$；()内数字为标准误差 SE。

信息透明度对参与志愿活动有显著影响（$\beta=0.081$，$p<0.01$），在加入政府信任变量后，信息透明度对参与志愿活动的影响系数减弱（$\beta=0.006$，$p<0.01$）（见表 7）。信息透明度通过政府信任作用于参与志愿活动的间接效应得到验证，通过公式 $ab/(c'+ab)=0.127/(0.066+0.127)$，求得本研究中政府信任的中介效应占总效应的比例为 65.8%。

表7　政府信任在信息透明度和给党组织捐款捐物之间的中介效应检验

变量	参与志愿活动	政府信任	给党组织捐款捐物		中介作用
	回归1(c)	回归2(a)	回归3(b)	回归4(c')	
常数项	0.499*** (0.023)	0.628*** (0.024)	0.222*** (0.027)	0.534*** (0.024)	
性别	−0.090*** (0.007)	0.064*** (0.007)	−0.422*** (0.036)	−0.086*** (0.007)	
年龄	0.040*** (0.002)	−0.027*** (0.003)	0.180*** (0.012)	0.038*** (0.002)	
文化	0.021*** (0.004)	0.014** (0.004)	0.111*** (0.022)	0.022*** (0.004)	
职业	−0.018*** (0.002)	0.015*** (0.002)	−0.098*** (0.013)	−0.017*** (0.002)	部分中介
信息透明度	0.081*** (0.006)	0.275*** (0.007)		0.066*** (0.007)	
政府信任			0.462*** (0.043)	0.056*** (0.008)	
调整后 R^2	0.052	0.132	0.049	0.055	
F	162.588***	1786.354***	154.716***	105.929***	

注：*，**，***分别表示$p<0.05$，$p<0.01$，$p<0.001$；( )内数字为标准误差SE。

　　总之,信息透明度是通过政府信任影响志愿服务行为的。越认为信息透明的人,对政府抗疫的信心越强,越倾向于参加志愿服务。信息透明度对捐款对象选择的影响也是通过政府信任发挥作用的,这种中介作用尤其体现在给政府医院和党组织的捐助意愿中,即信息透明度越高,民众对政府抗疫的信心越强,越倾向于捐款给政府医院和党组织。

六、讨论与结论

　　政府信息公开制度的目的在于保障公民依法获取政府信息,提高政府工作的透明度。本研究发现,面对突发的新冠肺炎疫情,民众主观感受到的疫情信息透明度越高,他们对政府抗疫的信心越强,进而参与和支持政府抗疫的积极性越高。

　　公共服务是政府的一项重要职责。疫情发生以来,保证公开透明的信息发布已经成为团结民众共同抗疫的有力号召,成为社会的广泛共识和强烈诉求。对党员干部加强"显政"的要求,充分表达了共产党人勇于接受人民检阅的坦荡和锐气。① 官媒是民众信赖并主动获取疫情信息的主渠道。公开透明的信息发布是社会心态积极调控的基础和着力点②,可以起到很好的"定心丸"效应。作为风险沟通重要手段的政府新闻发布,虽存在发布信息不专业、回应质疑不充分等问题,但在传播政策、公开信息、回应关切、凝聚人心等方面发挥了重要作用。③ 政府对公众期望的积极、有效回应,构成了政府信任的来源。④作为言说汇聚地的舆论空间对于风险的防范、化解存在重要作用,即识别并预警风险,勾连共同行动,提供价值与重建信心。⑤ 在全媒体的网络时代,任何企图隐瞒突发公共事件信息的做法最终都可能会演化成谣言,并在某种程度上还会增加社会风险,甚至要应对许多来自重大突发公共卫生事件之外的叠加风险。⑥

　　新时代背景下,应对突发公共卫生事件的关键是形成有效的风险共同体。医疗部门、疾控部门、应急管理部门及各级政府须有效协同和联动,同时,社会能够凝聚个体、家庭、社区、社会组织等多方力量以致力于共同应对突发公共卫生事件风险。⑦ 民众的行为很大程度上受到对政府信任的影响。研究显示,民众选择捐款捐物和参与抗疫志愿者活动的积极性都与其息息相关。只有当民众坚信政府或政治系统的运作能够给他们带来更大的期待和信心,认为政府及其机构的决策总体状况是守信、有效和公正时,他们才愿意配合政府的治

　　① 张旻:《发挥信息公开在疫情防控中的显政功能》,《新华日报》,2020 年 4 月 7 日。
　　② 王俊秀、应小萍:《认知、情绪与行动:疫情应急响应下的社会心态》,《探索与争鸣》2020 年第 4 期。
　　③ 张志安、冉桢:《"风险的社会放大"视角下危机事件的风险沟通研究——以新冠疫情中的政府新闻发布为例》,《新闻界》2020 年第 6 期。
　　④ 麻宝斌、马永强:《新时代政府信任的来源——社会公平和经济绩效及其影响力比较》,《理论探讨》2019 年第 3 期。
　　⑤ 刘小燕、李泓江:《风险社会与中国舆论治理观念的调适》,《当代传播》2020 年第 3 期。
　　⑥ 文军:《新型冠状病毒肺炎疫情的爆发及共同体防控——基于风险社会学视角的考察》,《武汉大学学报(哲学社会科学版)》2020 年第 3 期。
　　⑦ 王俊秀、周迎楠、刘晓柳:《信息、信任与信心:风险共同体的建构机制》,《社会学研究》2020 年第 4 期。

理行为,甚至主动参与社会治理工作,最终营造一个有利于政治制度稳定和经济社会发展的局面。提升民众对于政府的信任度并积极调动民众的配合与参与,以拓宽公共卫生治理的社会参与途径,并不断优化突发公共卫生事件的积极应对策略,这些都是在这场疫情中得到的经验启示。

然而,在信息处理方面也要注意公开的程度和内容。疫情信息公开,不等于个人隐私公开。为了防控疫情,及时对外发布新增病例等内容,既是信息公开的形式之一,也是防控工作的客观要求。这样做既能保障公众的知情权,又方便大家知晓周围环境是否存在感染风险,掌握确诊或疑似人群行动轨迹,做好防范。但涉疫情的个人信息倘若遭到泄露,也可能带来极坏的后果。比如,涉疫情人员遭遇网络暴力的侵扰,身心遭到严重伤害。这种行为,明显侵犯了公民的隐私权,背离了信息公开的初衷。保障公民知情权,不能以牺牲公民隐私权为代价;当两者发生冲突时,知情权必须向隐私权"让路"。因而,各级政府一定要注意把握疫情信息公开的边界,结合实际情况,在法治精神下规范涉疫情的个人信息管理,切实保护公民个人隐私。

政府应对模式对社会信任和幸福感的影响

一、问题提出

为尽早控制住新冠肺炎疫情,各地政府相继出台政策,倡议居民"尽量减少聚集",选择"自我居家隔离"。全国各地人民群众也积极响应政府号召,遵守居住地的防控政策,一致选择放弃外出娱乐。尽管春节期间外出休闲娱乐活动被迫中止,但相比以往,人们与家人相互陪伴的时间增多,工作、学业压力相对减轻,也因此有了更多自我支配的时间,因而居民生活质量和状态可能与平常有较大的差别。然而,在突发公共卫生事件中,人们的生命健康普遍受到威胁,对疾病的恐惧和担忧也在一定程度上拉远了人与人之间的心理距离。在这种背景下,民众的生活幸福感现状如何? 我们又该如何满足人们对幸福生活的追求和向往? 本研究以浙江民众为调查对象,从人们对政府社会治理的评价和社会信任角度分析了突发公共卫生事件之下居民生活幸福感,以期为政府有关部门完善社会治理、给民众心理恢复提供实证参考。

二、文献回顾与研究假设

幸福感是指个体对自己生活质量的整体性评估[①],是衡量一个国家和地区进步的新指标。现有大量研究发现,人口学变量如年龄、性别、收入等,个人因

---

① 李金珍、王文忠、施建农:《积极心理学:一种新的研究方向》,《心理科学进展》2003 年第 11 期。

素如智力水平、遗传基因(包括气质)以及外部社会事件(尤其 3 个月内的事件)和社会环境都是影响幸福感的因素。① 生物生态学理论(bioecological theory)也进一步指出,个体的发展受到一系列环境因素的相互影响,包括微观系统(如家庭、学校、公司)、中间系统(如家庭关系与同事关系之间的联系)、外部系统(如配偶的工作单位)以及宏观系统(社会环境和文化等)。② 所以,居民的生活质量和心理状态不仅取决于自身的生活经历和应对方式,还受到其生活圈中各种直接和间接的环境,以及环境之间的相互作用的影响。具体来讲,突发公共卫生事件直接冲击了我们生活的微观、中间、外部和宏观环境,在一定程度上改变了人们的生活方式及相处模式,还对传统节日如过春节团聚拜年的风俗习惯产生了历史性的影响。与西方国家的政治观念和社会结构极为不同,中国人因为受到孝文化的深刻影响,因而有深厚的家国一体的信念。③ 同时,政府作为社会治理主体,其对突发公共卫生事件防控的部署和行动又直接决定了社会环境的安全与稳定,从而影响个体如何对环境以及环境中他人的反应。因此,在特殊社会状况下探讨影响居民生活幸福感的因素有十分重要的现实意义。

改革开放 40 多年来,我国经济实现了快速增长,人民生活水平明显提高,综合国力也显著提升,然而与国外幸福感和经济收入关系的研究相似,我国居民自我报告的生活幸福感并没有随着经济增长和收入提高而显著增长,而是出现了"幸福悖论"(paradox of happiness)的现象。《习近平新时代中国特色社会主义思想学习纲要》第十二章指出,要"加强和创新社会治理,关键在体制创新,核心是人。只有人与人和谐相处,社会才会安定有序"。④ 要带领人民创造更加幸福美好的生活,需要政府不断加强和创新社会治理,不断提高广大人民群众的安全感和满意度,为人民群众提供社会更加稳定、人际关系更加和谐

---

① 毛小平、罗建文:《影响居民幸福感的社会因素研究——基于 CGSS2005 数据的分析》,《湖南科技大学学报(社会科学版)》2012 年第 3 期。

② Rosa E M, Tudge J. Urie Bronfenbrenner's theory of human development: Its evolution from ecology to bioecology. Journal of Family Theory & Review, 2013, 5(4), pp. 243-258.

③ 肖群忠:《孝与中国国民性》,《哲学研究》2000 年第 7 期。

④ 中共中央宣传部,编:《习近平新时代中国特色社会主义思想学习纲要》,北京:学习出版社,2019 年。

的社会环境。现有研究表明,社会治理与居民外部生活环境密切相关,对居民生活幸福感有直接影响。[①] 基于对中国 28 个省(区、市)的调查研究发现,政府质量、民主参与等都对居民幸福感有显著影响,而且高于经济增长对幸福感的作用。[②] 赵新宇等对来自全国 31 个省(区、市)的不同性别、收入、学历水平、户籍、职业等的民众进行的随机调查发现,公众幸福感随着政府治理水平的提高而提高。[③] 这也就意味着,居民对政府公共服务和治理越满意,其幸福感水平就会越高。[④] 就此,本研究提出假设 1:民众对突发公共卫生事件期间政府社会治理评价越积极,越可能感到更幸福。

公共卫生事件突发,让人们对安全的需求明显增强。新冠肺炎疫情暴发初期,因其传播速度快、防控难度大,使得人们对与疫情有关的病人、医护人员和防控人员,甚至是对身体健康的某省、市民众产生一种心理距离,出现了社会歧视和污名化。人与人之间的信任因为突发公共卫生事件遭受了一定程度的威胁。社会信任通常是指对陌生人或者社会中大多数人产生的一般性信任,是全体社会成员对公共事务、公共组织和人际交往等活动所共享的一套态度和观念。[⑤] 同时,社会文化塑造了我们的观念和行为模式,更影响着我们对集体和他人行为的评价及反应。更进一步地说,亚洲文化背景中的人们把集体主义放在更重要的位置,认为群体中的你我是相互依存的。[⑥] 而且,亚洲人更会从整体角度出发,更加关注与集体和他人之间的关系。[⑦] 社会学家费孝通提出了差序格局的概念,用来形容中国人的人际关系,并指出在这样的亲缘和

① 吴明霞:《30 年来西方关于主观幸福感的理论发展》,《心理科学进展》2000 年第 4 期。
② 陈刚、李树:《政府如何能够让人幸福?——政府质量影响居民幸福感的实证研究》,《管理世界》2012 年第 8 期。
③ 赵新宇、范欣:《政府治理:以幸福为名——基于中国问卷调查数据的实证研究》,《吉林大学社会科学学报》2016 年第 1 期。
④ 王杨:《公共服务满意度、社会信任与居民幸福感——基于 CGSS 2015 数据的实证分析》,《苏州科技大学学报(社会科学版)》2019 年第 4 期。
⑤ 白春阳:《社会信任的基本形式解析》,《河南社会科学》2006 年第 1 期。
⑥ Markus H R, Kitayama S. Culture and the self: Implications for cognition, emotion, and motivation. Psychological Review,1991,98(2),pp. 224-253.
⑦ Nisbett R E,Peng K,Choi I, et al. Culture and systems of thought: Holistic versus analytic cognition. Psychological Review, 2001,108(2),pp. 291-310.

地缘关系基础上,人与人之间有较高的信任。[①] 尽管现代城市和文化的发展加速了社会流动,使得社会信任的基本条件和方式发生了变化。[②] 但是,较高的社会信任有益于减少人际冲突,建立良好的社会关系,提高社会运转效率,因而大部分研究发现社会信任与主观幸福感显著正相关。[③] 以中国居民为调查对象的研究则发现,社会信任对居民幸福感有显著正向影响,个人对他人越信任,幸福感就越高[④],在对跨文化群体的研究中也发现了相同的结论[⑤]。因此,本研究提出假设 2:社会信任水平越高,居民生活幸福感越高。

社会学和心理学对幸福感影响因素的研究已取得大量有益成果,其中既有经济发展状况、社会就业、政府服务、城镇化发展程度、环境气候等宏观外部因素[⑥],也有人格、性别、健康、婚姻、教育、宗教信仰、社会信任等微观层面因素。尽管个人主观因素对幸福感影响较大,但积极心理学研究者迪纳(Diener)发现外部因素对个人幸福感的影响解释率达到 15%～20%。然而,前述结论主要来自社会安定状态下或者是经历过苦难之后开展的研究,突发公共卫生事件中人们的体验和感受却较少得到关注。当前以 2020 年暴发的新冠肺炎疫情为主题的研究中,研究者多从人们的心理弹性和希望[⑦]、消遣时间的方式如户外活动[⑧]、认知评价及其变化[⑨]来考察人们的幸福感,较少关注政府行为和突发公共卫生事件之下的社会信任与幸福感的关系。

① 费孝通:《乡土中国》,上海:华东师范大学出版社,2018 年。
② 翟学伟:《从社会流动看中国信任结构的变迁》,《探索与争鸣》2019 年第 6 期。
③ Mironova A A. Trust, social capital, and subjective individual well-being. Sociological Research,2015,54(2),pp. 121-133.
④ 袁正、夏波:《信任与幸福:基于 WVS 的中国微观数据》,《中国经济问题》2012 年第 6 期。
⑤ Tokuda Y,Fujii S,Inoguchi T. Individual and country-level effects of social trust on happiness:The Asia barometer survey. Journal of Applied Social Psychology,2010,40(10),pp. 2574-2593.
⑥ 汤凤林、甘行琼:《中国居民幸福感影响因素分析》,《统计与决策》2013 年第 24 期。
⑦ Satici S A,Kayis A R,Satici B,et al. Resilience, hope, and subjective happiness among the Turkish population:Fear of COVID-19 as a mediator. International Journal of Mental Health and Addiction, 2020,pp. 1-16.
⑧ Lades L K, Laffan K, Daly M, et al. Daily emotional well-being during the COVID-19 pandemic. British Journal of Health Psychology, 2020,25(4),pp. 902-911.
⑨ Zacher,Hannes, Rudolph C W. Individual differences and changes in subjective wellbeing during the early stages of the COVID-19 pandemic. American Psychologist,2021,76(1),pp. 50-62.

三、研究方法

（一）数据与研究被试

本研究从 2020 年 1 月 30 日至 3 月 4 日分为四个时间段，通过网信浙江、浙江新闻客户端 APP、"问卷星"调查平台以及微信朋友圈等网络平台，向浙江省民众推送"疫情之下浙江省民众社会心态网络调查"问卷，调查内容涵盖民众的基本信息、心理状况、主观认知、个人行为及社会治理评价等方面内容。民众根据个人意愿填写问卷，对于漏填关键题项（幸福感和基本人口学信息）的样本以及连续五道题及以上选择相同答案的样本进行删除，最终获得 18109 份有效样本。四个时间段分别为：（第一时间段）2020 年 1 月 30 日 10：30 至 2020 年 2 月 5 日 9：30，浙江启动重大突发公共卫生事件一级响应，国内输入性风险剧增，部分社区实行封闭管理，民众认识到病毒传染的风险并出现一定程度的恐慌；（第二时间段）2020 年 2 月 8 日 11：20 至 2020 年 2 月 13 日 12：00，社区村居全部封闭管理，民众居家谨慎外出，担忧持续增加；（第三时间段）2020 年 2 月 13 日 12：00 至 2020 年 2 月 23 日 16：00，复工复产陆续启动，但困难重重，个别地市归国人员的输入性感染风险提上议事日程；（第四时间段）2020 年 2 月 23 日16：00 至2020 年 3 月 4 日 18：00，浙江重大突发公共卫生事件防控应急响应调至二级，国外情况也不容乐观，企业订单由前期的催促转换为取消，产业链中断，病毒感染风险依旧存在，新的问题不断出现。

本研究调查问卷题目主要参考中国综合社会调查（CGSS）数据库等进行设计。样本基本情况见表 8。

表 8　样本基本情况（$N=18109$）

变量		样本量	占比/%
时间段	第一时间段	3402	18.80
	第二时间段	8099	44.70
	第三时间段	2676	14.80
	第四时间段	3932	21.70
性别	男	8284	45.75
	女	9825	54.25
受教育程度	初中及以下	749	4.10
	高中	1816	10.00
	大专	3614	20.00
	本科	10415	57.50
	硕士及以上	1515	8.40
政治身份	中共党员	8364	46.19
	共青团员	2509	13.85
	民主党派	354	1.96
	群众	6882	38.00
身体健康状况	很好	9899	54.70
	较好	6496	35.90
	一般	1606	8.90
	较差	97	0.40
	很差	11	0.10
志愿服务	非志愿者	8167	45.10
	志愿者	9942	54.90

（二）变量界定与描述

1. 生活幸福感

幸福感的测量主要关注居家抗疫期间民众的生活幸福感，让受访者对"您觉得自己目前的生活幸福吗"进行作答，被试在 1—3 之间进行选择，其中，

"1＝比平时不幸福""2＝和平时一样""3＝比平时幸福"。

2.社会治理

社会治理评价是指受访者需从信息透明度、心理服务满意度、法律法规的使用度、社会凝聚力建设以及社会乱象的治理等方面对政府应对处理突发公共卫生事件的情况进行评价,共五道题,得分越高表明被试对社会治理评价越差。具体描述见表9。

表 9　社会治理评价的基本情况

题项	描述	平均数	标准差
a1	当地关于突发公共卫生事件的报道公开透明度,数字 1—4 对应"非常透明—比较透明—比较不透明—非常不透明"	1.62	0.58
a2	心理援助服务满意度。数字 1—3 对应"是—不确定—否"	2.58	0.51
a3	遵守应急管理的制度与法规。数字 1—3 对应"是—不确定—否"	2.87	0.42
a4	社会凝聚力,数字 1—3 对应"比以前增强—和以前一样—不如以前"	1.15	0.41
a5	囤积居奇现象,数字对应 1—4 对应"没有—个别—少量—较多"	1.41	0.66

3.社会信任

参与调查者需要从对陌生人的信任情况、对熟人的信任情况、热心度和社会歧视等四个方面进行作答,前三个题目的答案选项为"比平时更好,和平常一样,比平时更差",分别用数字 1—3 表示,得分越高表明社会信任感越低。具体描述见表10。

表 10　社会信任的基本情况

题项	描述	平均数	标准差
a6	对陌生人信任情况,数字 1—3 对应"比平时高——一样—比平时低"	2.52	0.23
a7	对熟人信任情况,数字 1—3 对应"比平时高——一样—比平时低"	2.23	0.48
a8	热心度,数字 1—3 对应"比平时高——一样—比平时低"	1.85	0.64
a9	社会歧视,数字 1—3 对应"比平时高——一样—比平时低"	1.75	0.88

4.人口学变量

个人因素同样是影响幸福感的重要因素,以往研究已经证明人口学变量对居民生活幸福感存在影响,因而本研究将个人相关的性别、政治身份、文化水平作为控制变量。

(1)性别。将性别变量进行二分处理:男性编码为1,女性编码为2。

(2)政治身份。对中共党员、共青团员、民主党派以及群众这四种不同身份,分别对应编码为1—4。

(3)文化水平。对文化水平进行编码,用1—5分别对应初中及以下、高中、大专、本科、硕士及以上选项。

(4)健康水平。根据被试自我报告,对身体健康状况进行编码,分别用1—5对应"很好,较好,一般,较差,很差"。

为了验证以上假设,本研究将使用SPSS 25.0软件进行数据分析,首先对突发公共卫生事件下居民生活幸福感进行描述性分析,其次探讨自变量与因变量之间的相关关系,最后采用无序多分类logistic回归模型分析社会治理评价、社会信任及控制变量(人口学信息)对幸福感的影响。

四、研究结果

(一)疫情暴发初期居民生活幸福感描述分析

从图1中我们可以看到,2020年1月30日至2月13日,正是春节和元宵节阖家团聚的时候,但是随着疫情急剧发展,第二时间段有32.30%的浙江居民感受到生活幸福感下降了,明显高于第一时间段的27.90%。但是随着形势好转,2020年2月21日起全国各地开始根据实际情况有序推动复工复产,因此在第三时间段人民群众又重燃了对生活的希望,民众的生活幸福感逐步提高,约有76.30%的居民生活处于逐步恢复的状态。在第四时间段期间,居民自我报告的生活幸福感处于回升的趋势。

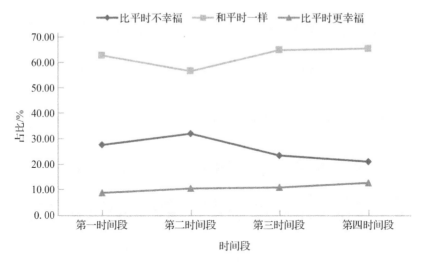

图 1　各时间段居民生活幸福感

(二)各变量之间的相关性分析

将社会治理评价、社会信任及居民幸福感进行皮尔逊相关分析,从表 11 中我们发现社会治理评价与社会信任正相关,也就是说居民对社会治理评价越差,社会信任程度就越低。社会治理评价与幸福感负相关,因为社会治理评价相关题目的选项取值并未反向处理,所以这意味着居民对社会治理的负向评价越高,他们越可能感觉到生活不幸福;同理,因为社会信任相关题目的选项取值也未反向处理,所以社会信任得分与生活幸福感呈负相关,即居民对社会信任负向评价越高,那么他们越可能觉得不幸福。反过来说就是,人们的社会信任感水平越高,就越可能有较强的幸福感。

表 11　各变量之间的相关性($N=18191$)

社会治理评价	社会信任	幸福感
1		
0.27***	1	
0.19***	0.24***	1

注:*,**,*** 分别表示 $p<0.1,p<0.05,p<0.01$。

(三)各变量对幸福感的影响

参考以往研究,本研究采用无序多分类 Logistic 回归。在分析中,社会治理评价和社会信任的题项取值均已进行反向处理。模型 1 为比平时幸福模型,以比平时不幸福为参照;模型 2 为和平时一样幸福模型,参照比平时不幸福;模型 3 为比平时不幸福模型,参照比平时幸福(见表 12)。

表 12 各变量对生活幸福感的无序多分类 Logistic 回归结果

变量		模型 1 比平时幸福 (参照比平时不幸福)		模型 2 和平时一样幸福 (参照比平时不幸福)		模型 3 比平时不幸福 (参照比平时幸福)	
		β	$Exp(\beta)$	β	$Exp(\beta)$	β	$Exp(\beta)$
受教育程度(参照硕士及以上)	初中及以下	-0.002	0.998	-0.136	0.873	0.002	1.019
	高中	-0.075	0.928	-0.048	0.953	0.075	1.078
	大专	-0.105	0.363	-0.07	0.953	0.105	0.363
	本科	0.18	1.197	0.173	1.189	-0.18	0.835
性别(参照女性)	男	0.248***	1.281	0.022	1.022	-0.248***	0.781
政治面貌(参照群众)	中共党员	-0.019	0.981	-0.101	0.904	0.019	1.019
	共青团员	0.235**	1.264	0.109	0.173	-0.235**	0.791
	民主党派	0.16	1.174	-0.022	0.909	-0.16	0.852
健康状况(参照很差)	很好	-0.37	0.691	0.47	1.6	0.37	1.447
	较好	0.232	0.793	0.579	1.785	0.232	1.261
	一般	0.085	1.088	0.649	1.913	-0.085	0.919
	较差	-0.219	0.803	0.087	1.091	0.219	0.85
社会治理		0.301***	0.74	0.142***	0.867	0.301***	1.351
社会信任		0.371***	0.944	0.074***	0.928	0.371***	1.45
常数		7.154***		3.309**		-7.154***	
-2Log Likelihood						14705.619	
Nagelkerke R^2						0.104	
χ^2						1652.170***	

注:*,**,*** 分别表示 $p<0.1$,$p<0.05$,$p<0.01$。

基于中国社会调查 2013 年的数据分析,胡德鑫发现居民受教育程度越高,幸福感也就越强,而且受教育程度对个体的幸福有直接效应。[①] 然而,从表12 中我们发现受教育程度不能显著影响幸福感,不同学历水平的居民幸福感差异不具有统计学意义。可见与以往和谐温暖的社会环境相比,作为新中国成立以来影响范围最广、防控难度最大的一个突发公共卫生事件,它对所有中国人的生理和心理健康都带来了严重的影响。但是我们从研究中可以看到,受教育程度不是影响幸福感水平差异的原因。

从性别角度来看,因变量参照比平时不幸福组(模型 1)时,男性受访者与女性受访者相比,男性受访者感到比平时更幸福,$Exp(\beta)$ 值为 0.248,也就意味着在突发公共卫生事件下男性感到更幸福的概率是女性的 1.281 倍,$p<0.001$ 说明差异具有统计学意义。同样,与参照比平时幸福组(模型 3)人群相比,$Exp(\beta)$ 值为 -0.248,即男性感到生活更幸福的概率是女性感到更幸福的概率的 0.781 倍,且差异显著,具有统计学意义。

就健康状况而言,比平时不幸福组、比平时幸福组、和平时一样幸福组这三个群体的民众幸福感尽管存在一定差异但不显著($p>0.001$)。不同政治身份对居民生活幸福感水平也有显著影响。具体来看,将比平时幸福组和比平时不幸福组两组人群进行对照(模型 1 和模型 3),发现与群众相比,共青团员组的 OR 值为 0.235(模型 3 中为 -0.235),表明在突发公共卫生事件之下共青团员感到更幸福的概率是群众的 1.264 倍,$p<0.001$ 表明差异显著,具有统计学意义。

研究结果显示,当平时幸福组和平时不幸福组进行比较(模型 1 和模型 3),社会治理评价和社会信任对幸福感的影响显著($p<0.001$),表现为居民对政府社会治理评价越好,其幸福感就越强;对社会信任程度越高,幸福感也越强。由此,假设 1 和假设 2 得到验证。

---

① 胡德鑫:《教育程度对我国城乡居民幸福感影响机制研究——基于中国社会综合调查 CGSS 2013 的数据》,《当代教育科学》2017 年第 11 期。

五、讨论与结论

对中国人而言,农历春节是一年到头最期盼的节日,在外忙碌一整年,希望的就是过年一家人团聚。新冠肺炎疫情的暴发,让原本祥和温馨的新春佳节变得冷清又紧张。面对未知的疫情,人们外出工作和走亲访友等活动被迫中止,传染病带来的恐惧和威胁,长时间不能聚会带来的空虚感和无聊感,无可避免地会对生活幸福感产生冲击。从 2020 年 1 月 30 日到 3 月 4 日,接受浙江省民众社会心态网络调查的近 2 万名受访者中,仅有27.8%的人表示疫情之下自己生活得比平时正常状态下更不幸福,另有10.9%的民众认为在疫情之下自己生活得比平常更幸福,61.3%的人则表示生活幸福感未受到严重影响,与平时一样幸福。基于对西班牙老年人在疫情期间生活幸福感的研究发现,新冠肺炎本身的特性并不是影响老年人生活幸福感的因素,个人的心理弹性、家庭功能及感恩等则对老年人幸福感有显著影响。[1] 还有研究指出,与前几年相比,法国人表示疫情期间的生活幸福感和健康状况比以前更好,出现了"台风眼效应"[2],但这在蓝领工作阶层人员中不适用。2003 年"非典"期间,李纾等人发现北京老百姓对"非典"的担心并不如外界所想象的那么强,这也证实了心理台风眼的效应(psychological typhoon eyes' effect)。[3] 这可能存在以下原因。第一,中国特色社会主义制度决定了我国的社会治理将人民群众的生命健康和幸福放在首位,这给了人们基本的心理保障和安全感。第二,东西方文化差异决定了我们与西方人思维方式的不同,更影响着我们看待问题的独特方式。[4] 彭(Peng)

---

[1] Lopez J, Perez-Rojo G, Noriega C, et al. Psychological well-being among older adults during the COVID-19 outbreak: A comparative study of the young-old and the old-old adults. International Psychogeriatrics, 2020,32(11), pp. 1365-1370.

[2] Recchi E, Ferragina E, Helmeid E, et al. The "eye of the hurricane" paradox: An unexpected and unequal rise of well-being during the COVID-19 Lockdown in France. Research in Social Stratification and Mobility,2020,68, pp. 1-4.

[3] 李纾、刘欢、白新文,等:《汶川"5·12"地震中的"心理台风眼"效应》,《科技导报》2009 年第 3 期。

[4] Ji L, Peng K, Nisbett R E. Culture, control, and perception of relationships in the environment. Journal of Personality & Social Psychology,2000,78(5),pp. 943-955.

等人通过一系列研究发现,中国人的思维具有辩证性和整体性①,因而危机事件对我们来说既存在危险、威胁,同时也暗藏着机遇和机会。通过比较加拿大和中国大学生对于苦难(suffering)的认识和理解,吉(Ji)等人发现中国人从苦难中看到更多积极的成分,比如乐观和人际支持,因而在面对新冠肺炎疫情时中国人表现得更豁达和泰然。② 虽然民众需要居家隔离长达几个月,不得外出聚会,但这不仅减少了感染和传播的风险,也正是我们与家人团聚,建立和谐积极的家庭文化的好时机。与以往短暂的春节相聚不同,民众可以在家享受温暖亲子时光,学习新的生活技能,有更多的时间进行体育锻炼和居家休闲娱乐。

在分析个人因素与幸福感关系时,我们发现学历和身体健康状况并不能对生活幸福感产生显著影响,不同学历和身体健康状况的人的幸福感程度不具有显著差异。这可能是因为防控初期整个社会对新冠肺炎病毒的认识尚浅,新型传染病具有较大的传染性,而且缺乏针对性的疫苗和治疗药物,对每个人的生命健康都构成威胁,因而学历和身体健康状况对幸福感的影响不具有统计学意义。与以往研究相同,性别对幸福感的影响显著③。尽管疫情对居民生活和工作产生了一定影响,男性依然比女性感到更幸福。女性的幸福感与平常相比大幅度下降。一方面,与平常生活相比,男性在居家隔离期间少了工作压力和矛盾,有更多时间享受家庭生活;而大多数女性不仅需要考虑一日三餐和家务劳动,还要应付孩子的学习和生活,甚至还要处理长时间亲密相处带来的家庭矛盾,因而新冠肺炎疫情下男性比女性有更高的生活幸福感。另一方面,女性更容易受到消极生活事件的影响,面对突发公共卫生事件她们可能比男性表现出更多的恐惧和不安,社会规范则要求男性要坚强,要做家里的顶梁柱,不能轻易表现出软弱和悲伤情绪,所以男性没有报告出更多的负性心理活动。

① Peng K P, Nisbett R E. Culture dialectics, and reasoning about contradiction. American Psychologist, 1999,54(9),pp.741-754.

② Ji L, Khei M, Yap S, et al. Cultural differences in the construal of suffering and the COVID-19 pandemic. Social Psychological and Personality Science,2021,12(6),pp.1039-1047.

③ 李儒林、张进辅、梁新刚:《影响主观幸福感的相关因素理论》,《中国心理卫生杂志》2003年第11期。

生活事件对幸福感有着较大的影响[①]，突发公共卫生事件对个人和社会的冲击具有持续效应，新冠肺炎疫情不仅直接威胁民众的生命健康，更对人们的心理健康和社会持续发展有直接且长久的影响。外部环境是影响人们心理健康和发展的重要因素，政府社会治理就是要为人民群众提供良好的社会环境，"使人民的获得感、幸福感、安全感更加充实，更有保障，更可持续"[②]。突发公共卫生事件的处理效果对人们的生命健康有着直接的影响，因而党和政府特别强调要把人们的生命安全放在第一位。安全和谐的社会环境是提高人们生活幸福感的外部条件，人们之间相互的信任和关心也可以为个人的发展提供更多的社会支持，安定的环境和良好的人际关系是获得生活幸福感的前提条件。在突发公共危机事件之下，由于聚光灯效应，社会主要关注的是新冠肺炎疫情带来的种种负面事件和情绪，普遍关心的是受疫情影响最严重的地区，而忽视了其他地区，以及居家隔离生活可能带给我们的正面影响。

如何实现美好幸福生活，不仅是每个民众关心的话题，更是党和政府工作长久以来努力探索的问题。许多学者提出了社会参与、社会多元主体治理的新概念和新路径，而此次抗击新冠肺炎疫情可以在短期内取得决战性成果，正是社会各行各业、各机构和无数普通人共同参与、齐心协力的结果。尽管本研究没有发现志愿服务者比普通居民更可能有较高幸福感，但是参加志愿服务与居家抗疫两种方式带给人的幸福感差异明显。由于人们在防控初期对新冠肺炎病毒的认识极为有限，参与志愿防控的民众有可能比居家隔离的普通人更能体会到疫情给人们生活和社会发展带来的消极影响，因而志愿者们并没有感觉到自己比非志愿者在疫情之下更幸福。然而，积极心理学长期追踪研究发现，与人直接接触或帮助他人的义务工作会提高个人身心健康及快乐程度。所以，在社会治理中也应当关注人们的心理健康，用心理学知识为提高人们的幸福生活服务。一方面，通过多渠道多路径，向不同人群进行心理健康教育，让人们都掌握一定的心理自助方法，以适应环境和调节个人心态，为构建

[①]　Suh E，Diener E，Fujita F. Events and subjective well-being：Only recent events matter. Journal of Personality and Social Psychology，1996，70（5），pp. 1091-1102.

[②]　肖捷：《使人民获得感、幸福感、安全感更加充实，更有保障、更可持续（学习贯彻党的十九届六中全会精神）》，《人民日报》，2021 年 12 月 3 日。

自己的幸福生活提供内在保障。另一方面,中国人素来有家国情怀,"苟利国家生死以,岂因祸福避趋之",要鼓励社会集体参与,号召各行各业的人参与进来,用自己的才干在相应的岗位上发光发热,共同构建和谐社会,在实现人民幸福的伟大事业之中贡献力量,实现人生价值。

信息、信任、信心：危机恢复
与长效治理的关键因素^①

中共绍兴市委党校课题组联合浙江党校系统、有关地市的网信办持续对浙江省疫情进行跟踪调查,通过浙江新闻客户端和"问卷星"平台进行线上两轮问卷调查(第一轮:2020年1月30日至2020年2月4日;第二轮:2020年2月8日至2020年2月13日),收到浙江民众有效问卷11533份。经分析,得出以下结论:民众高度评价浙江对疫情信息的公开透明,当前社会关切呈现"二降二升"新特点,要加大信息的实效、透明、包容度;不同主体之间的信任度已发生结构性变化,要强化机构信任和基础信任;民众对浙江政府防控充满信心,基层治理暴露出"三大短板",要加强"技术性"治理。

一、民众高度评价浙江对疫情信息的公开透明

从第二轮调查总体来看,民众对疫情信息公开透明度的评价持续上升到95.8%,在大力宣传科普下,民众对相关医学知识了解率普遍比较高,两轮调查都维持在90.0%以上。后期民众关心政府的应对举措多于防护知识,约三成的民众会转发信息到亲友群或朋友圈,这说明新媒体时代,民众的转发信息也成为信息传播的一股不容小视的力量。

民众对浙江疫情的评估及关切的重点呈现"二升二降"的新特点。一方面,关于疫情态势的基本判断,认为处于持续爆发期的比例从64.4%下降到

---

① 曾刊登于中共浙江省委党校(浙江行政学院)《决策参阅》2020年第6期。

29.7%，而认为疫情得到初步控制的比例从 16.5% 上升到 53.7%。另一方面，关于民众关切的重点，对相关医学知识的关注从 77.1% 下降到 53.5%，而对何时恢复经济社会秩序和何时复工、开学，关注度分别达到 71.7% 和 60.5%，跃升为最受关注的两个问题。这说明，社会心态正在逐步走向乐观、理性，这既是突发公共事件处置的规律性趋势，更是政府防控政策的正向预期输出。

针对以上调查情况，建议进一步加大信息的实效、透明、包容度，为正确风险评估、科学决策提供重要支撑。一是信息要求实效，抓住民众最为关心的"问题清单"，调整信息供给结构。如就民众特别关心的复工、开学时间，以及农村(社区)群众自我保护和管理意识不强等问题重点展开对话。二是信息要透明，要改变地方政府发布有关全国的疫情信息非常翔实、有关本地的疫情信息却很少的情况，否则将导致百姓怀疑基层政府隐瞒事实从而产生不信任的尴尬局面，因此国家须下放更多信息发布权限给基层。如某县级宣传部部长提出，一级重大突发公共卫生事件响应期间，对信息发布的规定应该按照特殊时期予以调整，下放更多权限给各地，以便各地灵活操作、及时公布，权威的信息如能第一时间占领舆论场，谣言等不实信息的空间就将大大压缩。三是信息要包容，不要苛求信息世界必须是一个无菌环境，不然也会错失"吹哨者"。

二、信任度发生结构性变化

不同主体间信任发生结构性变化。一是对于普通个体和权威专家。人与人的信任度、对陌生人的信任度仍然在低位徘徊，调查显示浙江民众的这两项信任度分别较平时下降了37.8%、54.8%。但是，47.4%的受调查者表示对超级大V专家高度信任。二是对于公共信息。对模糊信息，民众的怀疑态度和识别主动性不断提升，50.6%的受调查者会通过有关辟谣平台去验证信息真伪。但值得关注的是，受调查者表示会向政府部门举报求证的仅占13.0%。三是对于政府部门。如果在疫情期间遇到困难，接近三分之二的受调查者表示会拨打120、110、12345等热线，联系所在单位或村居(网格员)，这个比例虽然不算低，但还有三分之一的受调查者选择其他非官方渠道的现象值得深思。

四是对于社会组织。大部分受调查者倾向直接联系相关地区的政府部门或医院,而对红十字会等社会慈善组织的信任度降到低点,仅占30.3％。这说明,在社会心理的整体框架中,不同主体之间的信任度已经发生结构性变化,个体之间的信任以及对社会组织的信任正在被"拧干水分",也为巩固和增强政府的公众信任度提供了"中间地带"。

针对以上调查,建议进一步加强机构信任,做好基础工作。一是要加强对机构的信任。社会对钟南山这样的超级大V医疗专家高度信任,但对个体的信任难以持续和传递,只有对机构的信任才可以制度化,并固定为一种工作机制和组织的生命力,持续稳定地传递下去。应充分利用防控期间的心理"窗口期",进一步巩固对党和国家的政治认同、对家乡和老乡的乡情归属、对身边基层组织和干部的理解信任,为社会治理注入更加强劲的思想凝聚力。要关注民众对红十字会等社会组织的不信任感,运用组织调整、舆论宣传等手段及时加以整改,正面回应社会关切。二是要做好基础工作。在危机应对中发现和锤炼干部队伍的同时,也要注重培育一批"乡贤"人员,提升乡村、社区的自我组织、自我管理、自我规范水平,为基层治理提供更加持久的整合动员力。如某街道负责人指出,在社区防控中,老年大学学员和社区楼道长在其中起了很大的作用,他深有感触地说:"我们的基层治理面临的问题是如何用有效的载体去凝聚周边的人。"

三、民众对政府防控充满信心

两轮调查显示,民众对浙江政府能有效控制疫情的信心、对政府防控工作的满意度都在96.0％以上。但基层治理凸显"三大短板"。一是技术性短板,突出体现为决策体系对大数据的运用不够,有74.2％的受调查者认为要加强运用大数据进行科学决策、预警预测。二是机制性短板,突出体现为综合式、链条式的信息共享不够,65.0％的受调查者认为要加强中央和地方政府之间、不同业务部门之间的数据交换。三是法治化短板,民众普遍认为基层干部工作非常辛苦,但也强烈反映基层治理应遵循法规制度,受调查者认为这方面不足的比例较高且与第一轮调查相比不降反升。这说明,在应对危机的特殊时期,从社会需求到政策供给、从落实转化到民众反馈的治理过程中,集中暴露出技术性支撑、机制性统筹、法治化保障的缺位,削弱了治理思想的实践性传导和公共政策的实效性转化。

　　针对以上调查,建议要高度重视"民众信心",加强"技术性"治理。短期来看,重点加快复工复产工作中节点性、互联性的信息平台建设,打通从省级直到乡镇、多部门合一的信息直通渠道,共享原料供应、物流链、员工返流、交通管制、金融扶持、进出口保险等多方面信息,避免责任落实中信息不对称、多头报送、层层报送等"非作风问题"的"形式主义",提高落实效率,减轻基层工作负担。如某基层部门负责人反映,各类表格层出不穷且变化多端,基层人员需要花很大精力来填报各类报表,导致一线防控力量减弱。由于目前未形成科学有效的统计方式或简单的监管清单,出现了区块上要各类数据,条线上也要各类数据,且表格样式不一,给基层增加了负担。从中长期来看,抓住应对疫情的契机,结合"十四五"规划等重点工作,着重推进"智慧城市"建设。同时,加强基层干部特别是领导干部的"技术性"思维培育,促进传统基层组织动员的现代化转型。

突发事件中的网络舆情引导与基层治理^①

网络舆情是观察社会的重要窗口,也是政情民意的重要风向标。在突发事件中,以舆情治理为抓手,理清事件,回应问题,筑牢基础,促进社会可持续发展。中共绍兴市委党校课题组对 2021 年年底集中暴发在 S 市 S 区的新冠肺炎疫情进行深入调研,并参考同期 X 市的疫情,发现了不少值得关注的问题。

一、突发事件中影响舆情走势的几个重要参数

(一)舆情数量、情绪特征的监测可以预测舆情走势

课题组以"S 市疫情"为主题关键词,用 Python 对相关网站进行爬虫,对 2021 年 12 月 7 日至 31 日的网上疫情相关信息进行统计分析(见表 13),发现舆情热度与情绪传播存在共同的随机性趋势,即人们的舆情传播行为与人们对此类事件的传播情绪的趋势相同。例如,"S 市疫情"舆情爆发期有 15196 条事件相关信息,远大于形成期的 2035 条和消退期的 9646 条(S 市政务热线同期的群众来电分别是 51449、2313、32796 件也再次证明),爆发期网民的负性情绪为 19.8%,也高于形成期的 10.4% 和消退期的 4.0%。因此我们可以通过监测社交网络上民众的舆情量和情绪量值及时发现问题,判断舆情发展,并通过干预及时终止负面的传播行为或提升正面传播,积极引导舆情发展。

① 原题目为"关于风险社会中的舆情引导与基层建设的若干建议——基于 2021 年'上虞疫情'的深度解读",刊登于中共绍兴市委办公室、中共绍兴市委改革办(政研室)《决策参考》2022 年第 2 期。

表 13　S 市 S 区疫情舆情阶段性走势和网民情绪

S 市疫情舆情发展	网民积极情绪		网民中性情绪		网民消极情绪	
	数量/条	占比/%	数量/条	占比/%	数量/条	占比/%
形成期 (2021-12-07—2021-12-08)	801	39.4	1022	50.2	212	10.4
爆发期 (2021-12-09—2021-12-20)	132	0.9	12055	79.3	3009	19.8
消退期 (2021-12-21—2021-12-31)	2238	23.2	7027	72.8	381	4.0

(二)对政府回应有效度的评估监测可以预测舆情趋势

通过主题关键词,用 Python 对相关网站进行爬虫,对 S 市、X 市官方媒体、社交媒体等发布的相关信息进行统计(见表 14),发现同期由于 S 市较 X 市更快速地控制住了疫情,网民对 S 市的评价明显好于 X 市,总的负面情绪 S 市是 13.4%,而 X 市是 47.1%,这跟 S 市有效控制疫情、积极回应民意有关,说明地方政府线下举措的有效性是引导舆情积极发展最有效的方法。数据进一步显示,疫情期间S 市、X 市官媒和社交媒体排在各自前 10 位的关键词,虽然排序都略微不同,但 S 市的官媒和社交媒体上的关键词不同的只有 1 个,X 市则有 4 个,说明 X 市官方媒体的回应和线下的处置跟民众需求有一定距离,S 市则基本实现"民有所呼,政有所应",地方政府的治理能力的精准度和有效性,直接影响了舆情的趋势。

表 14　官方媒体、社交媒体上 S 市、X 市的疫情的信息量和网民情绪

媒体类别	城市	网民积极情绪		网民中性情绪		网民消极情绪	
		信息量/条	占比/%	信息量/条	占比/%	信息量/条	占比/%
官方媒体	S 市	2924	75.3	960	24.7	0	0.0
	X 市	3198	73.9	1099	25.4	31	0.7
社交媒体	S 市	3171	11.8	20104	74.8	3601	13.4
	X 市	1770	10.3	7364	42.6	8133	47.1

（三）关键舆情事件的回应主体、方式可以影响舆情走势

2021年年底至2022年年初，集中暴发在S市S区、X市等地的新冠肺炎疫情，舆情总体呈现信息总量多、个性诉求多、线下突发状况多，地方政府通常会出现初期回应缺失、爆发期回应不当或无效等问题，从而导致舆情反复波动、高潮不断，而关键节点和关键舆情事件的处理，直接影响舆情事态的发展。如舆情爆发期集中的核酸检测点秩序、集中隔离转运、被隔离群众生活物资保障、就医购药、"小门"管理等问题，课题组调查统计发现，不同回应主体和通过不同回应方式产生的民众情绪有较大区别。如上述舆情事件中，当事方及直系上级做出回应时，通常群众满意度不高，舆情管控效果不理想；当回应的主体为第三方或与当事无关的上级采取有力举措时，群众评价积极。调查进一步发现，从我们通常采用的舆情热点的回应主体和举措看，其有效度的排序分别是：上级问责、第三方处置、媒体曝光、上级通报、直系上级问责、直系上级通报、直系上级调查、当事方回应。

二、突发事件中民众对集体行动的坚定承诺、基层基础的坚固、城市韧性建设是应对风险的重要支点

（一）同舟共济、遵守承诺是应对风险的重要支点，而根植于心的信任与教育是关键

突发事件中以最短时间、最快速度、最高效率排兵布阵，闻令而动，是制胜的关键，这不仅考验的是决策力，同时也是对信任的一次重要检验。本轮疫情的暴发地S市S区，1800名Z省医务工作者和600多名S市党员干部听从组织的召唤，火速驰援S区，与S区人民共克时艰。而S区基层的街道、社区干部即使一边担心着感染的风险，一边担心着是否会被问责，但依旧没日没夜地坚守在岗位上，这是对党和人民的忠诚，是担当使命教育根植于心的最好证明。同时，几十万S区百姓配合多次核酸检测、居家隔离、隔离转运等要求，这种绝对遵守和高度配合是对政府决策的信任，是对干部一贯服务民众的回应。这些是应对危机最坚强的后盾，要进一步守护和培育！

(二)提级指挥、数字动员是应对风险的重要抓手,而坚实的基层基础则是根本

本次 S 区疫情被评价为展现了"S 市速度",得益于两大重要抓手。一是提级指导。Z 省领导带队亲自督导,国务院联防联控机制综合组 Z 省工作组具体指导,S 市加派市四套班子成员驰援 S 区,使得疫情及时得到控制。二是数字化改革成果的应用。虽然 S 区基层工作人员近 1000 人被隔离,基层组织严重受影响,但省疾控平台数据、省公安厅及省大数据下发的疫情防控数据,融合 S 区自然资源和规划局的电子地图、区委政法委的标准地址库,并将数据延伸到社区、小区和楼栋,让 S 区力量能快速接管,借助 S 市大数据推出疫情防控"五色图",科学有效地分配疫情防控人员。

同时我们也看到了前期防疫体系不够顺畅、信息传递灵敏性不理想、职能部门专业性不足的问题,这也反映了基层基础不够牢固。

(三)扎好根基、韧性建设是应对风险的有力保障,而干部的应急处突能力和应急体系建设是关键

本次 S 区疫情,也再次提醒在突发事件成常态的风险社会中,基层干部风险意识、应急处突能力和社会应急体系建设亟须提升。课题组前期对 11205 名 S 市基层干部进行问卷调查,探究了基层干部应急能力与培训次数的关系,发现培训次数既能对培训效果产生直接正向影响,也能通过信心和知识储备提升干部的胜任力,当前特别要加强针对各层级领导干部的应急处突类培训,演练要尽可能真、规模尽可能大。当前优化重塑应急体系,一要重点关注横向组织体系架构的优化,尤其是社区(村)环节。如要加强社区、业委会、物业公司的组织联系,要建立楼道党小组、小区党支部,适当的时候让党员身份落户住所,合力守好最前关口。二要重点关注应急科普机制的优化。突发事件,专业发声至关重要,如本次疫情防控的举措中,有一个平台不仅可以让民众快速搜索并了解相关的基础知识或防控措施等,并且能够实现民众与专家的在线交流,这样能加强民众的配合理解,并避免执行上的偏差。三要重点关注基础设施建设的优化。精准防控不仅需要大量流调人员的高效工作,更有赖于高端信息科技(如 5G 技术、公用移动通信基站、大数据平台等)的强大支持。

发达地区企业雇佣双方心态研究

地位感和幸福感如何影响亲社会分享行为

——基于民营企业家的研究

一、引 言

改革开放 40 多年来,我国的社会主义事业建设取得了丰硕的成果。国家整体经济实力大幅提升,国民生活水平显著提高。然而,伴随着经济发展,也产生了如区域发展不协调、贫富差距日益加剧、财富分配不公等诸多矛盾。党的十九大报告指出,中国社会的主要矛盾已经转化为人民日益增长的美好生活需要和不平衡不充分的发展之间的矛盾。社会发展的核心目标是实现社会公正、稳定、和谐、平等,包含消除贫困、全面就业和社会融合三个核心领域。而要实现平衡发展、共同富裕的目标,不仅有赖于政府部门的各种扶贫政策,更有赖于社会各个阶层的共同努力。对于已经在社会分层体系中处于优势位置的高经济地位群体成员而言,体会到获得感,并愿意将自己掌握的资源在一定程度上分享给相对弱势的群体,不仅是这个群体社会责任的体现,更是其良好心态的重要指标。

中国经济学家厉以宁教授于 1994 年在其出版的《股份制与市场经济》一书中提出第三次分配的概念,意指道德力量推动下,通过个人自愿捐赠而进行的分配。[①] 第三次分配是缩小贫富差距的重要方式,也是实现共同富裕的重要手段。党的十九届四中全会明确将慈善事业纳入推进国家治理体系和治理能力现代化的整体框架,提出重视发挥第三次分配作用,发展慈善公益事业的重

---

① 厉以宁:《股份制与现代市场经济》,南京:江苏人民出版社,1994 年。

大命题。企业和企业家历来是慈善的主体。中慈联发布的《2019 年度中国慈善捐助报告》和工商联发布的《中国民营企业社会责任报告（2020）》显示，我国慈善捐赠的主要来源依然是企业。2019 年全年，企业捐赠 931.47 亿元，占捐赠总量的 61.71%，其中民营企业慈善捐赠 475.12 亿元，占全部企业捐赠总额的 51.01%。[①] 长期以来，民营企业捐赠始终稳定在企业捐赠总额的一半以上，是我国慈善捐赠的第一大户。

民营企业家凭借自身的努力和能力在改革发展的大潮中获得经济利润和地位声望。作为先富带后富的重要力量，他们的分享意愿受到哪些社会心理因素的影响，是本研究意欲探究的主题。

二、文献综述与研究假设

习近平总书记在 2015 年 2 月中央全面深化改革领导小组会议上的讲话使"获得感"一词开始进入人们的视野。《咬文嚼字》发布的"2015 年十大流行语"显示，获得感多用于指人民群众共享改革成果的幸福感。它更加贴近民心，强调共享发展，强调一种实实在在的得到[②]，是当前民众客观需求满足与社会公平公正发展的直接反映，与人们美好生活需要的不断追求和满足紧密相关。[③] 作为一种心理认知和体验，获得感的形成源于个体的生理需求和精神需求的满足，在此基础上进一步激发最高层次的自我实现需要，从而产生追求感恩、回馈、互惠等的共享性需求。[④] 个体在这一追求过程中，不仅使爱与尊重等需求得到满足，同时也促进了他人需求的满足。这种在需求满足于情绪体验的基础上产生的致力于自我实现的共享性行为即为获得共享。"穷则独善

① 张雪：《全国工商联：民营企业 2019 年共捐赠 475.12 亿元》，《经济日报》，2020 年 12 月 31 日；王勇：《中慈联发布〈2019 年度中国慈善捐助报告〉 我国慈善捐赠的主要来源依然是企业》，《公益时报》，2020 年 9 月 22 日。

② 郑风田、陈思宇：《获得感是社会发展最优衡量标准——兼评其与幸福感、包容性发展的区别与联系》，《人民论坛·学术前沿》2017 年第 2 期。

③ 谭旭运：《获得感与美好生活需要的关系研究》，《江苏社会科学》2021 年第 3 期。

④ Maslow A H. Motivation and Personality. New York：Harper & Row，1954.

其身,达则兼济天下"便是这种"得"与"予"的辩证关系的体现。① 共享发展作为推动我国社会进步的重要发展理念,是提升全民获得感的根本需要。② 通过让人民群众共享改革成果,可以激发民众更多的回报社会和与他人分享的行为,真正实现共享的理念③,也体现出获得感的崇高性与超越性④。获得内容的充分满足可以促进个体的共享行为倾向,使其提升社会参与意愿与责任感,产生更为积极的获得体验,促进社会公平与和谐发展。

当前,我国社会阶层的分化愈加明显,民众的获得需求也呈现出内容的多元性与发展的不平衡性,而不同社会阶层也表现出不同的获得感水平。随着阶层的上升,获得感水平也呈现出上升趋势。⑤ 与主观社会地位为中下层或下层的民众相比,主观社会地位处于中上层或上层的民众的获得需求更高。⑥ 同时,随着主观社会阶层的上升,民众的美好生活需要在不同维度上也都呈现出递增的趋势。⑦

以往关于民营企业家获得分享的研究主要集中在捐赠行为方面,认为民营企业捐赠本质上还是逐利行为。一方面,企业家通过慈善行为维持与政府的良性互动,获得政府的支持和保护,以及资源分配上的倾斜。而在与政府建立良好的关系后,企业和企业家的行为会受到更多的社会关注,同时被赋予更高的道德要求。一些企业即使是在自身经营困难时,仍然会进行慈善行为。⑧ 有政治参与的民营企业家在慈善捐赠行为中表现得更加积极,在公益事业需要或灾难来临时,政府和公众对他们的期望值也更高,因此他们也会产生更高

---

　① 谭旭运、董洪杰、张跃,等:《获得感的概念内涵、结构及其对生活满意度的影响》,《社会学研究》2020 年第 5 期。

　② 李利平、王岩:《坚持共享发展:提高全民获得感的对策》,《人民论坛》2016 年第 30 期。

　③ 王秀芹、刘晓柳:《现状、变化和相互关系:安全感、获得感与幸福感及其提升路径》,《江苏社会科学》2019 年第 1 期。

　④ 张品:《"获得感"的理论内涵及当代价值》,《河南理工大学学报(社会科学版)》2016 年第 4 期。

　⑤ 张品:《"获得感"的理论内涵及当代价值》,《河南理工大学学报(社会科学版)》2016 年第 4 期。

　⑥ 王俊秀:《不同主观社会阶层的社会心态》,《江苏社会科学》2018 年第 1 期。

　⑦ 谭旭运:《获得感与美好生活需要的关系研究》,《江苏社会科学》2021 年第 3 期。

　⑧ Hao Z, Liu Y, Zhang J, et al. Political connection, corporate philanthropy and efficiency: Evidence from China's anti-corruption campaign. Journal of Comparative Economics, 2020, 48(3), pp. 688-708.

的捐赠水平。① 另一方面,慈善行为有助于展现企业家的社会责任感,可以帮助企业积累声誉资本,赢得行业的尊重和消费者的好感。民营企业可以通过慈善行为缓解与竞争对手的压力、促进品牌营销、提升企业声誉、获得税收减免等,以促进企业的获利。

然而,现实中,也并非所有民营企业家都参与慈善事业、都愿意分享自己的收获。从企业家个人来看,捐赠、分享行为背后,必然还有更深的心理机制推动。那么,什么样的企业家才更愿意分享呢? 既往研究发现,主观地位高低与亲社会行为密切相关。

社会经济地位(social economic status,SES)指的是结合经济学和社会学关于某个人工作经历和个体或家庭基于职业、教育水平和收入等因素相对于其他人的经济和社会地位的总体衡量。而主观社会地位(subjective social status,SSS)则既有赖于个体对客观社会经济地位的知觉,也掺杂个体对其所处环境和社会机遇的判断;既包括个体对目前自身社会地位的感知,也包括对过去和未来的感知。相对而言,主观社会地位比客观经济地位更多反映个体关于自身社会地位理解的信息,也能更直接影响其社会行动。

个体在社会交往中通过自愿的付出而让他人受益,是有助于社会和谐发展的行为和趋向。陈艳红等人认为,高主观社会地位感知能够促进利他行为。② 正所谓"达则兼济天下",一般而言,事业成功的人会有更高的主观社会地位感知,产生回报社会的高级追求。③ 主观社会地位高的私营企业家便容易从"实现自我"向"亲社会"转变,从而更积极地承担社会责任。④ 已有研究表明,主观地位高的人较之于主观地位低的人拥有更丰富的资源和更大的自主

① Yang Y, Tang M. Finding the ethics of"red capitalists": Political connection and philanthropy of chinese private entrepreneurs. Journal of Business Ethics,2020,161(1),pp. 133-147.

② 陈艳红、程刚、关雨生:《大学生客观社会经济地位与自尊:主观社会地位的中介作用》,《心理发展与教育》2014 年第 6 期。

③ Li X H, Liang X. A confucian social model of political appointments among Chinese private-firm entrepreneurs. Academy of Management Journal,2015,58(2),pp. 592-617.

④ 姜丽群、郭昕:《私营企业家主观社会地位感知对社会责任表现的影响研究——基于性别差异和企业发展环境的调节作用》,《软科学》2021 年第 7 期。

权,在有能力维持对他人的乐观看法的同时没有更多剥削他人的动机。[①] 这意味着他们可以通过自己拥有的资源和认知手段与他人合作或分享[②],从而做出亲社会行为。20 世纪 70 年代,伊森(Isen)通过实验证明,当个体通过社会比较发现自己的优势时,其自信心和满足感会得到增强,而更愿意关注他人的需求,做出亲社会行为。[③] 主观社会地位较低的阶层,因为感知到自身所拥有的资源稀少,往往会更关注资源的流失和付出后的回报,更偏向交易关系取向;而主观社会地位较高的人群,因其具有明显的资源优势,往往不需要在意回报的多少,更偏向于共享关系取向。相较于交易关系取向,共享关系取向与亲社会行为存在着内在一致性[④],因此主观社会经济地位较高的人,在人际关系上表现出的亲社会行为往往会更多。[⑤] 马凌远和李晓敏利用 2014 年第十一次全国私营企业的抽样调查数据发现,企业家的主观经济地位、主观社会地位和主观政治地位都对其慈善行为及捐赠金额有显著影响,主观地位越高的企业家,越具有共享关系取向。[⑥] 他们亲社会的情感越高,就越可能进行慈善捐赠,且捐赠额度也越高。也就是说,主观感受到的社会经济地位越高的企业家,慈善意愿越强,会更愿意分享、施与。由此,本研究提出第一个假设。

假设 1:民营企业家的主观社会地位影响其获得分享。主观社会地位越高,获得分享意愿越强。

党的十九大提出,要不断满足人民日益增长的美好生活需要,不断促进社会公平正义,形成有效的社会治理、良好的社会秩序,使人民获得感、幸福感、

① Liebe U, Tutic A. Status groups and altruistic behaviour in dictator games. Rationality and Society, 2010, 22(3), pp. 353-380.

② 郑晓莹、彭泗清、彭璐珞:《"达"则兼济天下? 社会比较对亲社会行为的影响及心理机制》,《心理学报》2015 年第 2 期。

③ Isen A. Success, failure, attention, and reaction to others: The warm glow of success. Journal of Personality and Social Psychology, 1970, 15(4), pp. 294-301.

④ 王垒、李小平:《不同人际关系取向下的权力对利他行为的影响》,《心理与行为研究》2015 年第 4 期。

⑤ 解晓娜、李小平:《主观社会阶层对亲社会行为的影响》,《心理与行为研究》2018 年第 4 期。

⑥ 马凌远、李晓敏:《民营企业家社会经济地位主观认知与个人慈善捐赠》,《统计研究》2021 年第 1 期。

安全感更加充实、更有保障、更可持续。[①] 从这一政策的提出可以看到,中国共产党十分重视人民的幸福感。幸福感是人们对自身生存和发展状况的主观感受,是人们对生活满意度的情感反应和总体评价。[②] 主观幸福感也是个体价值和需求共同作用而产生的积极的心理体验。[③] 不同的人对于幸福感有不同的定义,但其对亲社会行为的积极促进作用是一致的。

王俊秀通过中国社会科学院—数相科技联合发布的 2017 年社会心态调查(CASS-Matview Social Mentality Survey 2017)数据发现,不同主观社会阶层的主观幸福感得分随着主观社会阶层的上升而增加。[④] 也就是说,相较于社会地位较低的人,主观社会地位高的人会更加乐观,更多地产生积极的情绪,幸福感也会更强。同时,幸福感营造的积极心境能够促进个体的助人行为,让个体更加强调人类的善良和合作,从而更愿意帮助他人。罗森汉(Rosenhan)等人提出的注意焦点理论指出当积极的心境发生在个体身上时,个体就会产生积极的心境;若个体将注意力转向他人,就会产生相对的优越感,基于公平原则,便会产生助人行为。[⑤] 一般而言,幸福感更高的人其正向情绪往往更高,也会拥有更加积极的心境,从而更愿意帮助他人,与他人分享。由此,本研究提出第二个假设。

假设 2:幸福感是民营企业家主观社会地位与获得分享意愿的中介变量。主观地位越高,幸福感越强,分享意愿越强。

三、数据与方法

本研究的数据来自中共绍兴市委党校课题组于 2019 年 3 月对浙江省民

① 习近平:《决胜全面建成小康社会 夺取新时代中国特色社会主义伟大胜利——在中国共产党第十九次全国代表大会上的报告》,北京:人民出版社,2017 年。

② Diener E. New findings and future directions for subjective well-being research. American Psychologist,2012,67(8),pp.590-597.

③ 邢占军:《主观幸福感测量研究综述》,《心理科学》2002 年第 3 期。

④ 王俊秀:《不同主观社会阶层的社会心态》,《江苏社会科学》2018 年第 1 期。

⑤ Rosenhan D L, Salovey P, Hargis K. The joy of helping:Focus of attention mediates the impact of positive affect on altruism. Journal of Personality and Social Psychology,1981,40(5),pp.899-905.

营企业家的问卷调查。共发放问卷 1198 份,最终获得有效问卷 1022 份。

(一)被解释变量

本研究的被解释变量为民营企业家的获得分享意愿。该变量由三个题项构成,分别是:"您赞同普通员工持有公司股份吗?""您赞同企业参加或举办一些公益活动吗?""您赞同企业依法纳税、不欠薪就是最好的回馈社会的观点吗?"答案非常不赞同取值为 1,不赞同取值为 2,不能确定取值为 3,赞同取值为 4,非常赞同取值为 5。

(二)解释变量

本研究将主观社会地位设为解释变量,其对应问题为"您觉得当下您处于何种社会地位?"根据问卷设计,下层取值为 1,中下层取值为 2,中层取值为 3,中上层取值为 4,上层取值为 5。若假设成立,即民营企业家的主观社会地位与获得分享意愿呈正相关。

(三)控制变量

因为考虑到民营企业家的性别、年龄、政治面貌、受教育程度、留学经历以及民营企业家所属创业第几代六个变量,也在一定程度上影响其分享的意愿,因而在建立回归模型的时候需要控制这几个变量。

(四)中介变量

本研究将幸福感设为中介变量,其对应问题为"总的来说,您感觉幸福吗?"根据问卷设计,非常不幸福取值为 1,不幸福取值为 2,不能确定取值为 3,幸福取值为 4,非常幸福取值为 5。若假设 2 成立,即幸福感是民营企业家主观社会地位与获得分享意愿的中介变量,且主观地位越高,幸福感越强,分享意愿越强。

(五)数据分析方法

中介效应的检验程序遵循因果逐步回归法。如果自变量 X 通过影响变量

M 而对因变量 Y 产生影响，则称 M 为中介变量。中介效应中各变量之间的关系如图 2 所示。其中，系数 c 为自变量 X 对因变量 Y 的总效应，系数 a 为自变量 X 对中介变量 M 的效应，系数 b 为控制了自变量 X 后中介变量 M 对因变量 Y 的效应，系数 c' 为控制了中介变量 M 后自变量 X 对因变量 Y 的直接效应。

本研究中，首先分析 X 对 Y 的回归，检验回归系数 c 的显著性（即检验 $H0:c=0$）；其次分析 X 对 M 的回归，检验回归系数 a 的显著性（即检验 $H0:a=0$）；最后分析加入中介变量，做 X 对 Y 的回归，检验回归系数 b 和 c' 的显著性（即检验 $H0:b=0$、$H0:c'=0$）。

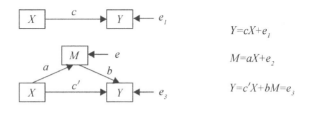

$$Y=cX+e_1$$
$$M=aX+e_2$$
$$Y=c'X+bM=e_3$$

图 2　中介变量关系

(六)样本基本状况

控制变量民营企业家的概况如表 15 所示。从表中可以看出，在所有 1022 个样本企业家中，665 位为男性，357 位为女性。其中，30～39 岁中青年人和 40～49 岁的中年人占较大比例（68.5%），30 岁以下的青年人仅占一成（10.6%）。政治面貌为中共党员的民营企业家共有 339 人，占总样本的 33.2%。受教育程度主要集中在高中、大专和本科，占总人数的 83.5%。146 位民营企业家有过留学经历。超过半数为第一代民营企业家。

表 15　控制变量的类别、频率及占比（$N=1022$）

变量		人数	占比/%
性别	男	665	65.1
	女	357	34.9
政治面貌	中共党员	339	33.2
	非中共党员	683	66.8

变量		人数	占比/%
年龄	20～29 岁	108	10.6
	30～39 岁	353	34.5
	40～49 岁	347	34.0
	50～59 岁	180	17.6
	60 岁及以上	34	3.3
几代 企业家	第一代	553	54.1
	第二代	312	30.5
	第三代	157	15.4
受教育 程度	初中及以下	102	10.0
	高中	233	22.8
	大专	326	31.9
	本科	295	28.8
	硕士	56	5.5
	博士及以上	10	1.0
留学 经历	有	146	14.3
	无	876	85.7

四、数据结果

(一)民营企业家的获得分享意愿概况

民营企业家获得分享意愿的结果总结在表 16 中。对于"您赞同普通员工持有公司股份吗?""您赞同企业参加或举办一些公益活动吗?""您赞同企业依法纳税、不欠薪就是最好的回馈社会的观点吗?"三个题项,表示"不能确定"的人数分别为 236、118、175,在全部被调查者中的占比分别为 23.1%、11.5%、17.1%。在这三个题项上回答取值为 4,即"赞同"的人数最多,占比全部过半,其中,"您赞同企业参加或举办一些公益活动吗?"的占比更是高达 68.0%;取值为 1,即"非常不赞同"的人数最少,均不超过 5.0%;"非常不赞同"和"不赞同"的频率之和占比都低于 20.0%。可以看出,民营企业家对于获得分享这一行为大多持支持的态度,只有少部分人的意愿为不能确定或不赞同。

表 16　获得分享意愿的基本情况(N=1022)

态度	题项 1		题项 2		题项 3	
	您赞同普通员工持有公司股份吗?		您赞同企业参加或举办一些公益活动吗?		您赞同企业只要依法纳税、不欠薪就是最好的回馈社会的观点吗?	
	人数	占比/%	人数	占比/%	人数	占比/%
非常不赞同	51	5.0	33	3.2	37	3.6
不赞同	131	12.8	46	4.5	164	16.1
不能确定	236	23.1	118	11.5	175	17.1
赞同	533	52.2	695	68.0	548	53.6
非常赞同	71	6.9	130	12.8	98	9.6
合计	1022	100.0	1022	100.0	1022	100.0

(二)主观社会地位对获得分享意愿的影响

从表 17 中可以看出,主观社会地位与三个获得分享指标的回归结果都非常显著。民营企业家的主观社会地位会影响其赞同普通员工持有公司股份的意愿,主观社会地位每上涨 1 个单位,其赞同普通员工持股的意愿便上涨 0.361 个单位;民营企业家的主观社会地位会影响其赞同企业参加或举办一些公益活动的意愿,主观社会地位每上涨 1 个单位,其赞同企业参加或举办一些公益活动的意愿便上涨 0.437 个单位;民营企业家的主观社会地位会影响其赞同企业回馈社会必要行为的意愿,主观社会地位每上涨 1 个单位,其赞同企业依法纳税、不欠薪就是最好的回馈社会的观点的意愿便上涨 0.344 个单位。因此,假设 1 成立,即民营企业家的主观社会地位影响获得分享。主观社会地位越高,获得分享意愿越强。

表 17　民营企业家获得分享意愿对主观社会地位的回归模型($N=1022$)

变量	模型 1			模型 2		
	是否赞同普通员工持有公司股份	是否赞同企业参加或举办一些公益活动	是否赞同企业依法纳税、不欠薪就是最好的回馈社会的观点	是否赞同普通员工持有公司股份	是否赞同企业参加或举办一些公益活动	是否赞同企业依法纳税、不欠薪就是最好的回馈社会的观点
主观社会地位				0.361***	0.437***	0.344***
性别	0.106	−0.019	0.104	0.089	−0.037	0.081
年龄	0.129**	0.176**	0.158**	0.098**	0.146**	0.131**
政治面貌	0.028	−0.112	0.220*	0.054	−0.081	0.244*
受教育程度	0.289***	0.349***	0.268***	0.251***	0.300***	0.229***
留学经历	0.065	0.573***	0.258**	0.097	0.619***	0.486***
民营企业家	−0.165	−0.307*	−0.130	−0.223	−0.375**	−0.187
第几代	−0.061	−0.515***	−0.079	−0.033	−0.504**	−0.056
调整后 R^2	0.010	0.022	0.011	0.020	0.037	0.020

注：*，**，*** 分别表示 $p<0.1, p<0.05, p<0.01$。

(三)幸福感在主观社会地位与获得分享意愿之间的中介效应

由民营企业家幸福感对主观社会地位的回归可知,主观社会地位对幸福感的影响非常显著。主观社会地位每上涨 1 个单位,幸福感便上涨 0.826 个单位。

民营企业家的幸福感会显著影响其赞同普通员工持有公司股份的意愿,幸福感每上涨 1 个单位,其赞同普通员工持股的意愿便上涨 0.776 个单位。根据表 18 中介效应的检验程序,在主观社会地位与是否赞同普通员工持有公司股份的回归结果中,系数 $c=0.361$,且显著。由主观社会地位与幸福感做出的回归可知,系数 $a=0.826$;加入幸福感后,幸福感对是否赞同普通员工持有公司股份的系数 $b=0.733$,且 a、b 均显著。加入幸福感后,在主观社会地位与是否赞同普通员工持有公司股份的回归结果中,系数 c' 变小,$c'=0.138$,且依然显著。根据上述回归分析,幸福感在民营企业家主观社会地位与是否赞同普通员工持有公司股份的意愿之间起到部分中介作用,通过公式 $ab/(c'+ab)=$

0.826×0.733/(0.138＋0.826×0.733)，求得本研究中幸福感的中介效应占总效应的比例为81.4%。

表18 幸福感在民营企业家的主观社会地位与是否赞同普通员工持有公司股份之间的中介效应检验($N=1022$)

变量	模型 1	模型 2(c)	模型 3(a)	模型 4	模型 5(b、c')	中介作用
主观社会地位		0.361***	0.826***		0.138*	
幸福感				0.776***	0.733***	
性别	0.106	0.089	0.071	0.069	0.062	
年龄	0.129**	0.098**	0.122*	0.086	0.077	
政治面貌	0.028	0.054	−0.092	0.068	0.075	部分
受教育程度	0.289***	0.251***	−0.057	0.290***	0.275***	中介
留学经历	0.065	0.097	0.390**	−0.140	−0.117	
民营企业家	−0.165	−0.223	−0.067	−0.202	−0.224	
第几代	−0.061	−0.033	−0.045	−0.009	−0.002	
调整后 R^2	0.010	0.020	0.055	0.056	0.057	

注：*，**，*** 分别表示 $p<0.1,p<0.05,p<0.01$。

民营企业家的幸福感也显著影响其赞同企业参加或举办一些公益活动的意愿，幸福感每上涨1个单位，其赞同企业参加或举办一些公益活动的意愿便上涨1.000个单位。根据表19中介效应的检验程序，在主观社会地位与是否赞同企业参加或举办一些公益活动的回归结果中，系数 $c=0.437$，且 c 显著。由主观社会地位与幸福感做出的回归可知，系数 $a=0.826$；加入幸福感后，幸福感对是否赞同企业参加或举办一些公益活动的系数 $b=0.956$，且 a、b 均显著。加入幸福感后，在主观社会地位与是否赞同企业参加或举办一些公益活动的回归结果中，系数 c' 变小，$c'=0.133$，但不显著。根据上述回归分析，幸福感在民营企业家主观社会地位与是否赞同企业参加或举办一些公益活动的意愿之间起到完全中介作用，通过公式 $ab/(c'+ab)=0.826×0.956/(0.133＋0.826×0.956)$，求得本研究中幸福感的中介效应占总效应的比例为85.6%。

表 19　幸福感在民营企业家的主观社会地位与是否赞同企业参加或举办一些公益活动
之间的中介效应检验($N=1022$)

变量	模型 1	模型 2(c)	模型 3(a)	模型 4	模型 5(b、c')	中介作用
主观社会地位		0.437***	0.826***		0.133	
幸福感				1.000***	0.956***	
性别	−0.019	−0.037	0.071	−0.074	−0.078	
年龄	0.176**	0.146**	0.122*	0.135*	0.126*	
政治面貌	−0.112	−0.081	−0.092	−0.065	−0.063	完全
受教育程度	0.349***	0.300***	−0.057	0.346***	0.329***	中介
留学经历	0.573***	0.619***	0.390**	0.373*	0.394*	
民营企业家	−0.307*	−0.375*	−0.067	−0.347**	−0.366**	
第几代	−0.515***	−0.504**	−0.045	−0.468**	−0.471**	
调整后 R^2	0.022	0.037	0.055	0.100	0.101	

注:*,**,*** 分别表示 $p<0.1,p<0.05,p<0.01$。

民营企业家的幸福感还会显著影响其赞同企业回馈社会必要行为的意愿,幸福感每上涨 1 个单位,其赞同企业只要依法纳税、不欠薪就是最好的回馈社会的观点的意愿便上涨 0.619 个单位。根据表 20 中介效应的检验程序,在主观社会地位与是否赞同企业回馈社会必要行为的回归结果中,系数 $c=0.344$,且 c 显著。由主观社会地位与幸福感做出的回归可知,系数 $a=0.826$;加入幸福感后,幸福感对是否赞同企业回馈社会必要行为的系数 $b=0.568$,且 a、b 均显著。加入幸福感后,在主观社会地位与是否赞同企业回馈社会必要行为的回归结果中,系数 c' 变小,$c'=0.166$,且依然显著。根据上述回归分析,幸福感在民营企业家主观社会地位与是否赞同企业回馈社会必要行为的意愿之间起到部分中介作用,通过公式 $ab/(c'+ab)=0.826\times0.568/(0.166+0.826\times0.568)$,求得本研究中幸福感的中介效应占总效应的比例为 73.9%。

表 20　幸福感在民营企业家的主观社会地位与是否赞同企业依法纳税、不欠薪就是最好的
回馈社会的观点之间的中介效应检验（$N=1022$）

变量	模型 1	模型 2(c)	模型 3(a)	模型 4	模型 5(b、c')	中介作用
主观社会地位		0.344***	0.826***		0.166**	
幸福感				0.619***	0.568***	
性别	0.104	0.081	0.071	0.090	0.082	
年龄	0.158**	0.131**	0.122*	0.110*	0.101	
政治面貌	0.220*	0.244*	−0.092	0.256*	0.264*	部分中介
受教育程度	0.268***	0.229**	−0.057	0.254***	0.234**	
留学经历	0.258**	0.486***	0.390**	0.411**	0.429**	
民营企业家	−0.130	−0.187	−0.067	−0.160	−0.186	
第几代	−0.079	−0.056	−0.045	−0.055	−0.046	
调整后 R^2	0.011	0.020	0.055	0.041	0.043	

注：*，**，*** 分别表示 $p<0.1$，$p<0.05$，$p<0.01$。

总之，民营企业家的主观社会地位是可以通过幸福感来影响其获得分享意愿的。主观社会地位越高，幸福感越强，赞同普通员工持有公司股份的意愿越强，赞同企业参加或举办一些公益活动的意愿越强，赞同企业依法纳税、不欠薪就是最好的回馈社会的观点的意愿越强。而与前两个"达则兼济天下"的获得分享指标相比，赞同企业回馈社会必要行为这一指标相对消极，在这里，企业家只要做好自己的本分就好，而并没有为社会做出更多的付出。

五、结论与讨论

本研究以浙江省民营企业家为样本，调查分析了民营企业家的主观社会地位与获得分享意愿之间的关系，并进一步发现了幸福感在民营企业家的主观社会地位与获得分享意愿之间起到的中介效应。研究表明，民营企业家的主观社会地位会影响其获得分享，且主观社会地位越高，获得分享意愿也越强；民营企业家的主观社会地位可以通过幸福感来影响其获得分享意愿，且主观社会地位越高，幸福感越强，获得分享意愿越强。

共享和带动他人共同富裕，是促进公平、实现和谐的重要手段和社会文明的重要表征，属于亲社会行为。早在新中国成立初期，毛泽东便针对全体农民提出共同富裕的思想；邓小平继承了这一思想并将其上升至社会主义本质高度，倡导先富带动后富；江泽民首次提出共享发展的概念，实现了从共富到共享的转变。共享发展、立足发展、内涵公平公正的价值追求、贯穿以人为本的伦理精神、遵循共同富裕的目标要求，丰富和发展了中国特色社会主义理论体系。习近平总书记更将共享发展理念上升至新时代国家发展理念的高度。

改革开放 40 多年来，我国民营企业在稳定增长、促进创新、增加就业、改善民生等方面发挥了重要的作用。在携手迈向共同富裕的征程上，民营企业家发挥着不可或缺的作用。其背后的心理基础，一是自认有能力。一般来说，取得较高社会成就的人，有助人的能力也有助人的意愿。二是意识到肩负社会责任。同情心、社会责任感等道德层面的情感都会促使企业家进行慈善行为。出于社会责任理念的企业捐赠，是企业家实现利他主义的途径之一。[①] 与国有企业相比，民营企业家更容易因个人情感受到冲击或产生共鸣，而出于同情、怜悯或社会责任感做出慈善行为。例如，2021 年 7 月河南遭遇重大雨灾，包括腾讯、阿里巴巴、字节跳动、蚂蚁集团、美团、OPPO、VIVO、小米、菜鸟、顺丰、万科、龙湖、融创在内的多家知名企业第一时间驰援河南。

随着社会慈善环境的不断改善，国家对第三次分配的重视，以及民营企业家们主观社会地位的不断提高，其幸福感不断提升，获得分享意愿也逐步增强。当然，分享不仅仅是参加捐赠等公益活动，还有让普通员工持有公司股份、企业不欠薪、依法纳税以回馈社会等，它们都具有独特的意义。无论是何种获得分享形式和动机，都一定程度上推动了社会的发展。与此同时，政府、媒体及公众也应该给予民营企业家更多的支持和理解，以激励民营企业家的获得分享意愿。共享发展的宗旨便是增加人们的获得感。共享发展的水平越高，越有助于提升获得感，而获得感越高，便越愿意参与分享，并进一步推动社

---

① Schwartz R A. Corporate philanthropic contributions. Journal of Finance, 1968, 23 (3), pp. 479-497.

会共享发展水平的提高。① 获得感是个体的主观感受，是获取某种利益后所产生的满足感，也是对人的权利、平等、尊严等价值性满足基础上的幸福体验。获得与分享是相互促进又相辅相成的关系。因此，有获得感的人最容易与他人分享。个体的获得感越强，越容易与他人分享。作为先富起来的人，当企业家自身的获得感足够强的时候，他们就更愿意尽自己所能帮助带动大家共同富裕。历史上的"状元实业家"张謇，大力兴办实业救国，将经营实业所获的巨额利润几乎全部投入地方自治和慈善公益事业，在南通建立了集传统善举与近代公益于一身，涵盖赈灾济民、教育文化、交通水利等各方面的慈善公益体系，是中国民营企业家"达则兼济天下"的先贤和楷模。

当前民营企业家虽有充分的获得分享意愿，但这种积极性也还需要多方面的激励和保护。党的十九大报告明确提出要支持民营企业发展以及激发和保护企业家精神，鼓励更多社会主体投身创新创业。党中央提出要在全社会营造充分尊重企业家、纳税人、创业者的氛围，努力营造鼓励创新、允许试错、宽容失败的社会环境，人们要像尊重科学家一样尊重企业家，让民营企业家在社会上有地位、在政治上有荣誉、在经济上有实惠、在事业上有成就。这样，民营企业家的主观社会地位逐步得到提升，幸福感日益增强，也就更容易做出分享行为。政府层面，应该继续建立和完善相关法律法规体系和优惠政策，如对民营企业家的慈善捐赠提供更多的税收优惠政策并简化免税的手续和程序，对此类民营企业家设立专门的服务机构，给予合理的政府补贴等。同时，适当建立相关的慈善监督机构，与新闻媒体、公众一起对民营企业家的获得分享行为以及慈善机构的项目运作和资金使用进行公开透明严格的监督。媒体层面，应该充分利用其传播快、覆盖面广、灵活方便等优势，在全社会大力弘扬正确的财富观，宣传企业的社会责任感，强调第三次分配的重要性，营造良好的氛围，以强化我国民营企业家的获得分享意愿。公众层面，树立正确理性的慈善观念，获得分享意愿应该是在力所能及的前提下的自愿行为，切忌对企业的慈善捐赠抱有较高的期望。如果仅凭个人情感对达到自身期望的企业大为称

---

① 颜彩媛：《基于共享发展的高校贫困大学生获得感提升路径研究》，《牡丹江教育学院学报》2019年第1期。

赞,而对没有达到期望的企业横加指责,只会给企业家们造成巨大压力。现实中,很多民营企业家的实力并不是十分雄厚而只能勉强度日,公众应该对民营企业家的获得分享行为予以更多的理解,通过实际行动支持他们,才能鼓励更多的民营企业参与其中。

本研究仍存在不足之处。首先,本研究主要采用的是横截面数据,没能考虑时序性因素的影响,没有考虑到不同年份或突发事件下民营企业家获得分享意愿的差异;其次,问卷的方式,可能受被调查者自我认知偏差的影响,从而导致结果出现些许误差;最后,本研究没有搜集企业家自身能力感和社会责任感的数据,因而没能完全厘清二者的作用力。后续的研究中应在这些方面进行更深入的讨论。

民营企业家安全感、获得感、主观幸福感现状及启示

——基于浙江省的调查

一、引 言

民营经济在稳定增长、促进创新、增加就业、改善民生等方面都对国家的经济发展起着重要作用。民营企业家肩负企业生存发展大任,在当今世界政治经济风云变幻的形势下,民营企业裹挟在其中,极容易受到巨大的冲击。这种处境对企业家的安全、获得的体验带来的影响,不仅与企业的经营状况和发展前景息息相关,而且也影响到当地经济社会的稳定和发展,其主观幸福感也必然具有更丰富、更深刻的意涵。他们的社会心态情况是尤其值得我们关注的课题。

社会心态在一定时期的社会环境和文化影响下形成,表现为社会多数成员普遍的、一致的心理特点和行为模式。它在一段时间内弥散在整个社会或社群中[①],作为一种宏观社会心理状态影响着每个个体成员的态度和行为。安全感、获得感、主观幸福感是社会心态的重要指标,直接体现人们对当下生活满意和满足的体验,进而决定其追求未来美好生活的努力和信心。党和政府将工作奋斗目标确定为"不断满足人民日益增长的美好生活需要",其重要指标就是人们的获得感、主观幸福感、安全感更加充实、更有保障、更可持续。

民营企业发展对浙江经济(包括地方社会和谐发展)乃至全国经济都具有

[①] 杨宜音:《个体与宏观社会的心理关系:社会心态概念的界定》,《社会学研究》2006 年第 4 期。

指标性意义。近年来浙江省采取各种措施优化营商环境，希望能进一步维护和促进新时代民营经济发展。全社会对民营经济、民营企业的关注度普遍提升，"亲商、安商、富商"传统得到进一步传承发扬，减负降本、保护产权、创新容错、技术改造、主体培育等促进民企发展、发挥企业家精神的各项保障机制日渐完善。那么，民营企业的掌舵人是否感受到了来自政府和社会的支持？浙江省的民营企业家的安全感、获得感和幸福感现状究竟如何？中共绍兴市委党校课题组就民营企业家的安全感、获得感、生活满意度等心态状况走访百余家民企，并通过"问卷星"进行了民营企业家"三感"调查。

二、调查对象和研究方法

(一)调查对象

本研究的调查对象为浙江民营企业家。参与调查 1198 人，调查时间为 2019 年 3 月，最终获得有效问卷 1022 份。调查人数中男性 665 人，占 65.1%；女性 357 人，占 34.9%。平均年龄 46 岁(SD＝9.9)。企业家中也出现了第三代身影(占调查人数的 15.4%)。随着企业家队伍的年轻化，学历水平有大幅提升。其中 75.3%受过高等教育，17.3%有留学经历，19.2%有国际 500 强企业工作的经历。参与调查的企业集中分布在纺织化纤、金属加工、生命健康、信息经济等 12 个行业。企业建立时间集中在 1993—2012 年(占全部受访企业的 65.4%)，规模(限额)以上企业 590 家(占全部受访企业的 57.7%)，规模(限额)以下企业 432 家。有效样本的具体情况详见表 21。

表 21　调查对象在人口学变量上的分布情况(N＝1022)

变量		计数	占比/%
性别	男	665	65.1
	女	357	34.9
年龄	90 后	108	10.6
	80 后	353	34.5

续表

变量		计数	占比/%
年龄	70后	347	34.0
	60后	180	17.6
	50后及以上	34	3.3
受教育程度	初中及以下	102	10.0
	高中	233	22.8
	大专	326	31.9
	本科	295	28.8
	硕士	56	5.5
	博士及以上	10	1.0
政治面貌	党员	339	33.2
	团员	155	15.2
	民主党派	75	7.3
	群众	453	44.3
500强工作经历	有	180	17.6
	无	842	82.4
留学经历	有	146	14.3
	无	876	85.7
企业家概况	第一代	553	54.1
	第二代	312	30.5
	第三代	157	15.4
企业所属范畴	现代农业	78	7.6
	纺织化纤	338	33.1
	金属加工	111	10.9
	化工材料	70	6.8
	高端装备	52	5.1
	信息经济	55	5.4
	生命健康	31	3.0
	批零住餐	38	3.7
	建筑安装	25	2.4
	房地产业	13	1.3
	交通运输	22	2.2
	其他	189	18.5

续表

变量		计数	占比/%
企业建立时间	1949 年前	5	0.5
	1949—1978 年	26	2.5
	1979—1992 年	153	15.0
	1993—2012 年	668	65.4
	2012 年后	170	16.6
企业规模	规模(限额)以上	590	57.7
	规模(限额)以下	432	42.3

(二)调查方法

本次调查采用线上问卷调查和线下深度访谈相结合的方式。数据收集借助"问卷星"渠道。调查使用自编问卷,包含 28 道题目,分别测量民营企业家的安全感、获得感和主观幸福感状况。其中,安全感内容包括"您担心总体安全吗?""您担心企业的可持续发展吗?"等 5 道题目;获得感内容涉及获得内容、获得体验、获得环境、获得途径、获得分享等 5 部分,具体包括"您觉得处于何种社会地位?""当前的政策执行是否完善?""实现自我价值是您创建、发展企业的初心吗?""当前的行业协会能很好助推企业发展吗?""您赞同员工持有公司股份吗?"等 17 道测量题目;主观幸福感问卷主要包括"您对生活感到满意吗?"等 6 道测量题。问卷采用李克特 5 点评分,1 表示"非常不同意",3 表示"不确定",5 表示"非常同意"。将三大维度上所有题目的平均分作为各维度得分,得分越高,代表民营企业家在该维度上的安全感、获得感和主观幸福感越高。28 道题目的内部一致性良好(Cronbach's $\alpha=0.85$,各维度的Cronbach's α 系数在 $0.75\sim0.85$ 间)。

(三)数据处理

研究使用统计分析软件 SPSS 18.0 对数据进行描述性统计分析、相关分析、差异性检验等,了解和呈现民营企业家的安全感、获得感和主观幸福感现状。

三、结果与分析

(一)安全感的现状

安全感是社会心态的关键指标,指一定社会环境下个体对于不确定和不安全的感受[①]。调查中分为财产安全、信息安全、生态环境安全、企业的可持续发展安全、总体社会安全感几个维度来测量。

1.总体状况

受访民营企业家的安全感处于量表中间值略下的水平($M=2.80$)。由图 3 可知,除个人和家庭财产安全($M=3.19$)和总体社会安全($M=3.13$)得分略高,其他各领域安全感分数均低于中间值。信息安全感得分最低($M=2.50$)。

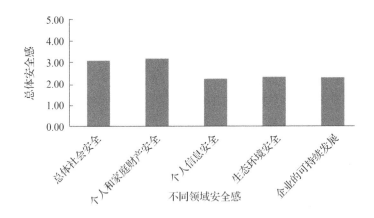

图 3　民营企业家总体安全感和不同领域安全感均值

安全感均值表现出随年龄增大而逐渐增高的趋势,90 后民营企业家的安全感均值($M=2.64$)显著低于 60 后($M=2.94$)和 50 后及以上($M=3.14$)两个群体($p<0.05$)。而从创业和守业的经历来看,第一代企业家的安全感均值($M=2.72$)又要显著低于第三代企业家($M=2.99$)($p<0.05$)。也许很多人

---

① 王俊秀、谭旭运、刘晓柳:《民众安全感、获得感与幸福感的提升路径》,《社会心态蓝皮书:中国社会心态研究报告》,王俊秀,主编,北京:社会科学文献出版社,2018 年。

会疑惑,为何90后的低安全感与第一代企业家的低安全感显得有些矛盾。这是因为年轻的企业家并不意味就都必然承袭父辈、祖辈打下的江山。在本研究的数据中,虽然第一代创业者的主体是70后和80后,但90后企业家中是企业第三代负责人的比例(20.4%)并不高,第一代创业者在其中甚至占了40.7%。因而,年龄与创建/继承企业家身份是从不同视角考察企业家安全感群际差异特点的重要变量,应该分开评量与讨论。

此外,安全感均值在一定程度上表现出随受教育程度的增加而增大的趋势,"高中"学历的民营企业家安全感均值($M=2.74$)显著低于本科($M=2.85$)和硕士($M=2.92$)、博士($M=3.04$)($p<0.05$)。

2.各领域安全感的群际差异

为了更具体掌握各领域安全感的变动情况,本研究还将受访民营企业家的年龄、受教育程度、所属行业、企业创立时间、第几代创业等因素纳入分析,比较不同类别群体的细致差异。

(1)年龄差异:在个人和家庭财产安全方面,不同年龄段的人感受不同。90后的财产安全感($M=2.98$)显著低于60后($M=3.40$)($p<0.05$)。其他领域的安全感在年龄层面上的差异不显著。

(2)代际差异:创业守业经历对安全感的影响主要体现在个人信息安全、生态环境安全和企业可持续发展三个方面。首先,第一代民营企业家的个人信息安全感($M=2.35$)显著低于第二代($M=2.58$)和第三代企业家($M=2.86$),第二代企业家的个人信息安全感也显著低于第三代企业家。其次,第一代民营企业家对生态环境安全的担忧也明显高于第三代,安全感平均分数比第三代企业家低0.6分($p<0.01$)。最后,第一代企业家也比第二代和第三代企业家更不放心企业的可持续发展,其企业可持续发展安全感比第二代企业家低0.20分($p<0.05$),比第三代企业家低0.46分($p<0.01$)。从图4可以看出五种领域安全感的具体情况。

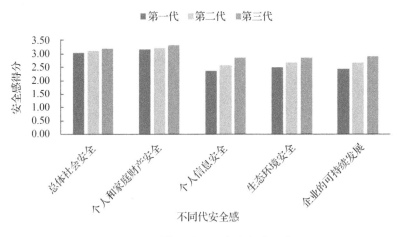

图 4　不同代民营企业家安全感得分

（3）行业差异：如表22所示，在我们调查的11种以上的行业中，各行业安全感均值为2.78，处于不太安全区间，其中化工材料业安全感平均值得分最高，现代农业的安全感平均值得分最低，且在总体社会安全感上，显著低于其他几个行业的企业家。各行业担忧的侧重点不一，高端装备和纺织化纤行业最担心信息安全；信息经济和房地产业最担心生态环境；交通运输业最担心可

表 22　各行业安全感得分

项目	现代农业	纺织化纤	金属加工	化工材料	高端装备	信息经济	生命健康	批零住餐	建筑安装	房地产业	交通运输	其他	平均值
总体社会安全	2.24	3.14	2.97	3.10	3.37	3.25	3.10	3.47	3.20	2.85	3.55	3.40	3.14
个人和企业财产安全	2.58	3.20	3.19	3.43	3.13	3.36	3.10	3.32	3.00	2.85	2.86	3.40	3.12
信息安全	2.18	2.39	2.77	2.90	2.38	2.49	2.81	2.74	2.04	2.38	2.77	2.47	2.53
生态环境安全	2.33	2.61	2.75	2.86	2.87	2.40	2.71	2.68	2.36	2.08	2.41	2.59	2.55
企业的可持续发展	2.33	2.43	2.73	2.89	2.67	2.75	2.65	2.76	2.36	2.54	2.32	2.63	2.59
平均值	2.33	2.75	2.88	3.03	2.88	2.85	2.87	2.99	2.59	2.54	2.78	2.90	2.78
总均值	2.78												

持续发展。调查进一步显示,近期民营企业发展面临的主要困难集中在人力成本上升、能源原材料成本上涨、行业竞争过度,分别有 50.4%、38.9% 和 31.1% 的受访企业家提到上述困难,同样,税费、融资、高端人才缺乏问题也很棘手(见图 5)。

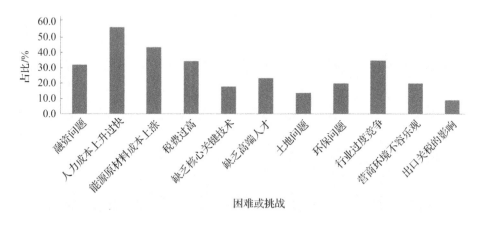

图 5　近期民营企业面临的困难或挑战

(二)获得感的现状

获得感不仅是物质层面的实在获得,也涉及获得的主观感受和情绪体验。[①] 本研究借鉴谭旭运等人[②]关于获得感内涵维度的观点,将获得感分为获得体验、获得内容、获得环境、获得途径和获得分享五个层面进行测量。

1.总体状况

受访民营企业家的总体获得感均值为 3.35,处于中上水平。年龄越长者的获得感越强,90 后的获得感($M=3.20$)更是显著低于 60 后($M=3.44$)。不同受教育程度者的获得感也有差异,其中本科学历的企业家获得感最强($M=3.49$),显著高于初中文化水平($M=3.20$)和高中文化水平($M=3.31$)的企业家,也高于硕士($M=3.37$)、博士($M=3.22$)水平的企业家。

[①]　曹现强、李烁:《获得感的时代内涵与国外经验借鉴》,《人民论坛》2017 年第 2 期;文宏、刘志鹏:《人民获得感的时序比较——基于中国城乡社会治理数据的实证分析》,《社会科学》2018 年第 3 期。

[②]　谭旭运、张若玉、董洪杰,等:《青年人获得感现状及其影响因素》,《中国青年研究》2018 年第 10 期。

　　受访者获得体验"主观社会地位评估""生活过得很舒适""对企业的发展感到欣慰"的均值($M=3.02$),以及获得环境"公平的竞争环境""政策的完善执行""亲清的政企关系的助力"的均值($M=3.26$),均低于获得感均值。获得内容"实现自我价值""提升企业的社会地位""做高风险高收益投资"的均值($M=3.30$),获得分享"普通员工持股""参加公益活动""只依法纳税、不欠薪"的均值($M=3.58$)以及获得途径"自我努力""政府精准服务""行业协会助推""现代企业制度助力"的均值($M=3.56$),则略高于获得感均值(见图6)。

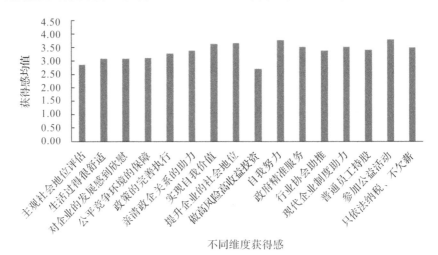

图6　民营企业家各维度获得感得分

　　2.获得感分支维度的群际差异

　　在获得感分析过程中,本研究仍旧考虑了年龄、受教育程度、所属行业、第几代创业等因素的作用。最终发现群际差异主要体现在代际和受教育程度两个因素上。

　　(1)代际差异:从表23可以看出,获得感的各维度,总体是第一代民营企业家最低,第三代民营企业家的得分最高,这样逐步上升的趋势。第一代民营企业家的获得体验明显不及第二代和第三代企业家($p<0.01$)。但在具体题项上也有少许变化,比如获得体验中主观社会地位的评估,第二代得分最高;第一代则在获得内容的"实现自我价值""提升企业的社会地位"和获得途径的"自我努力"方面得分最高。

表 23　不同代民营企业家获得感得分

辈分	主观社会地位评估	生活过得很舒服	对企业的发展感到很欣慰	公平竞争环境的保障	政策的完善执行	亲清政企关系的助力	实现自我价值	提升企业的社会地位	做高风险高收益投资	自我努力	政府精准服务	行业协会助推	现代企业制度助力	普通员工持股	参加公益活动	只要依法纳税、不欠薪
第一代	2.82	2.98	2.99	3.08	3.27	3.37	3.73	3.75	2.59	3.86	3.51	3.35	3.52	3.44	3.88	3.50
第二代	3.03	3.20	3.10	3.06	3.26	3.37	3.52	3.59	2.78	3.74	3.53	3.44	3.49	3.41	3.78	3.48
第三代	2.80	3.27	3.34	3.29	3.34	3.52	3.56	3.48	2.94	3.65	3.56	3.48	3.54	3.45	3.72	3.52

(2)不同受教育程度的差异:获得感五个维度均在受教育程度上表现出明显差异。大学本科学历的民营企业家的获得环境、获得内容、获得途径和获得分享分数均有明显的优势。获得环境方面,本科学历企业家比大专学历企业家的得分高出 0.27;获得内容方面,本科学历企业家显著优于初中和高中学历的企业家,比后两个群体分别高出 0.28 和 0.21 分;本科学历企业家的获得途径得分也明显高于初中和大专学历企业家。而在获得分享方面,初中学历企业家的得分则显著低于高中、大专和本科三类学历群体的企业家。

(3)行业差异:从行业看,交通运输业获得感平均得分最高,为 3.60,其次是信息经济、化工材料、批零住餐、高端装备、生命健康,平均得分在 3.35 以上。现代农业得分最低,为 2.83,其与房地产业的获得感的五个维度得分均低于平均值(见表 24)。

表 24　各行业获得感得分

项目	现代农业	纺织化纤	金属加工	化工材料	高端装备	信息经济	生命健康	批零住餐	建筑安装	房地产业	交通运输	其他	平均值
获得体验	2.53	2.97	2.98	3.34	2.95	3.08	3.13	3.07	3.12	2.73	3.09	2.99	3.00
获得环境	2.76	3.20	3.24	3.41	3.29	3.44	3.20	3.38	2.93	2.77	3.65	3.48	3.23
获得内容	2.85	3.28	3.28	3.50	3.44	3.69	3.33	3.48	3.43	3.10	3.70	3.40	3.37
获得路径	3.02	3.56	3.51	3.72	3.51	3.71	3.44	3.66	3.60	3.19	3.77	3.69	3.53
获得分享	2.97	3.55	3.53	3.70	3.78	3.85	3.74	3.73	3.67	3.57	3.67	3.67	3.63
平均值	2.83	3.31	3.31	3.53	3.39	3.56	3.37	3.46	3.35	3.07	3.60	3.45	3.35
总均值	3.35												

从企业成立的年限看,近五年成立的企业,在获得体验项得分最低,其他获得感维度差异不显著,尤其在获得分享项。改革开放初期成立的企业在获得感的各维度中得分都是最高的。

(三)主观幸福感的概念和现状

主观幸福感(subjective well-belin,SWB)是个体依据自己设定的标准对生活质量所做的整体性评价[①]。

从图 7 和图 8 可以看出,受访民营企业家的主观幸福感均值为 3.11,略高于量表中间值。第三代民营企业家的主观幸福感($M=3.26$)显著高于第一代企业家($M=3.05$);女性企业家的主观幸福感($M=3.20$)略高于男性($M=3.07$)。受访者在"对生活感到满意"项得分最高,在"生活可以重来,几乎不想改变"项得分最低。尤其是第一代、男性、规模以下的民营企业家,如果生活可以重来,想尝试改变的占到 44.0%。这些想法也反映在是否让子女接班的意愿上。调查中,民营企业家明确希望子女接班、不确定、不希望的分别为:33.6%、34.6%、31.8%;规模以上的企业家明确希望子女接班的占 38.3%,高于规模以下的 27.1%;受访企业家中,自己主动接班的占 35.5%,自己不太情愿接班的占 26.8%,说不好是否愿意的占 37.7%,当前新生代企业家接班意愿有所提升。

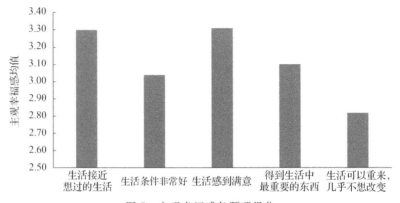

图 7　主观幸福感各题项得分

① Diner E, Emmons R A, Larsen R J, et al. The satisfaction with life scale. Journal of Personality Assessment,1985,49(1),pp.71-75.

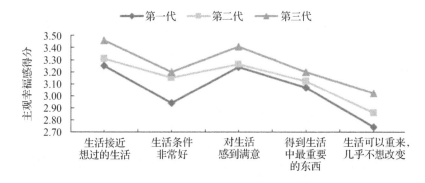

图 8　不同代民营企业家主观幸福感得分

(四)安全感、获得感和主观幸福感之间的关系

一个人的安全感、获得感和主观幸福感并非孤立存在,三种心理感受之间彼此勾连、相互作用。[①]

1.安全感与获得感的关系

本调查中,安全感与获得感的 Spearman 等级相关系数为 0.423 ($p<0.01$)。其中获得体验与安全感的相关最强($r=0.478$);获得环境与安全感的相关次之($r=0.453$);获得途径与安全感的相关再其次($r=0.328$)。获得内容和获得分享与安全感的相关系数较小,二者与安全感的相关系数分别为 $r=0.226$ 和 $r=0.156$。

2.安全感与主观幸福感的关系

安全感与主观幸福感的相关度也较高($r=0.413$)。分别看五个具体领域的安全感,个人信息安全感与主观幸福感的相关最密切($r=0.385$);企业可持续发展安全感与主观幸福感的相关次之($r=0.380$)。生态环境安全感和个人财产安全感与主观幸福感也有一定关联,社会安全感与主观幸福感的关系最弱($r=0.211$)。

---

　①　王俊秀、刘晓柳:《现状、变化和相互关系:安全感、获得感与主观幸福感及其提升路径》,《江苏社会科学》2019 年第 1 期。

从图 9 和表 25 可以看出，主观幸福感和安全感强的企业家，更愿意投资和进行分享。调查显示，主观幸福感和安全感强的企业家敢于尝试高风险高收益投资的人数比主观幸福感和安全感弱的企业家分别高出 14.87% 和 3.33%。安全感高的企业家愿意获得分享的均值($M=3.69$)也远高于安全感非常低的企业家愿意获得分享的均值($M=2.71$)。

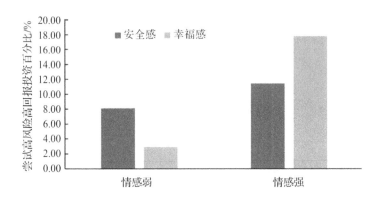

图 9　不同安全感、主观幸福感民营企业家风险投资倾向百分比

表 25　不同安全感的民营企业家的获得分享得分

项目	非常担心安全	担心安全	不能确定	不担心安全	非常不担心安全
赞同员工持股	3.01	3.32	3.48	3.47	4.03
参与公益活动	3.18	3.69	3.78	3.97	4.32
不仅依法纳税、不欠薪	1.95	2.49	2.52	2.61	2.72
平均值	2.71	3.17	3.26	3.35	3.69

3.获得感与主观幸福感的关系

获得感与主观幸福感的 Spearman 等级相关系数为 0.677($p<0.01$)。获得感具体五个维度内容与主观幸福感相关结果见表 26。

表 26　获得感各维度与主观幸福感相关分析($N=1022$)

项目	获得体验	获得环境	获得内容	获得途径	获得分享
主观幸福感	0.651**	0.569**	0.459**	0.539**	0.372**

注：**表示 $p<0.01$。

从表 26 可以看出,获得感的每一维度与主观幸福感均显著相关,其中获得体验与主观幸福感的关联最强,相关系数为 0.651;获得分享与主观幸福感的关联度最弱,相关系数仅为 0.372。

三、结果与讨论

(一)总体安全感有待提升,对信息安全、企业可持续发展方面尤需关注

根据本调查结果可知,民营企业家的总体安全感均值未达量表中间值。这主要是由于信息安全和企业可持续发展信心方面的得分较低造成的。信息安全感低,主要表现在对企业生产相关信息和知识产权信息比较焦虑。对企业可持续发展的担忧,从内部来看,是因为部分企业家将企业发展跟本人紧密关联起来,外部来看,是因为对法制环境、产权保护、产业发展、经济走势有一定担忧。第一代企业家的安全感普遍低于第二、第三代企业家。第一代企业家安全感低,一方面源于企业初创阶段的各种不确定性,往往使企业家缺乏对未来的掌控感;另一方面源于当下的整体经济形势,从 2008 年的金融危机,到近年的企业流动性风险,当周围同时期的企业或倒闭或重组时,幸存的企业也不免感到危机重重。而总体社会安全感随年龄、留学等因素而变化,这跟互联网大环境下的年轻人对当前外部经济形势比父辈有更多的了解有关。

从行业看,现代农业企业家的总体安全感和生态环境安全感、企业发展安全感相比其他行业的企业家都低,建筑安装、房地产业的企业家安全感次低,化工材料行业得分最高。现代农业排名最后,跟投入大、产出慢,靠天吃饭,市场难预期等因素有关;化工业的良好状况,跟浙江近年技改、升级的前瞻性,已收获红利及留下的多为龙头企业有关;房地产业的得分也反映了该行业明显的市场特点和经济政策敏感性。尽管外部环境的风吹草动会引起房地产业的不安,但这不减投资热情,尤其是房地产业中的行业龙头;而纺织化纤等传统行业的担忧,跟转型升级中的政策、预期的不确定性强关联;民营交通运输业的担忧,受近年高铁、地铁的快速发展影响。各行业整体得分不太高,跟外围经济发展有较大关联。

（二）总体获得感高，对外部获得环境和获得途径的评价还有提升空间

本研究的结果显示，民营企业家对获得体验、获得环境、获得内容、获得途径、获得分享总体感觉良好。但在获得体验中，主观社会地位评价不高，民营企业家认为自己处于中上层的占比不高，呈现"主观地位下移"的现象。这与"大政府、小企业"社会氛围以及企业在初创期民营企业家往往遭遇不被认可和尊重、企业家自身不自信有关。受访企业家对自己在企业成长发展中的重要作用充分肯定，但对行业协会的引领和服务等评价不理想。对环境公平、政策落地、政企关系的评价仍有提升空间。一是因为个别部门主动意识不够，导致信息不对称，对企业的需求了解不明、掌握不透；二是因为有些部门服务能力不足，导致服务质量不高，指导、服务企业应对经济发展中的新现象新情况水平不足；三是因为政府部门职能细分，沟通不及时，导致复杂问题解决不够顺畅。对行业协会不满，是因为协会不能为企业发展提供前瞻性数据分析、制定行业标准、进行行业管理和维权。大部分民营企业家分享意识比较强，赞同员工持股，愿意做公益，但当前公益活动外部环境配套不完备，导致部分企业家积极性受打击。不少人表示，作为企业家，按时发薪、及时纳税足矣。

获得感在受访者受教育程度上的差异体现得最为明显，本科学历企业家的获得感尤其突出，他们对获得环境、获得内容、获得途径和获得分享方面都比其他学历群体更为满意。但这背后的心理机制尚待发掘。

（三）总体感觉幸福，创业信心和动力仍须鼓励

本研究的结果显示，民营企业家对当前的生活比较满意，大部分人认为在生活中得到了最想要的东西。三代企业家的幸福得分依次递增。但如果生活可以重来的话，仍有44%的企业家想尝试做些改变，尤其是男性、第一代、规模以下企业家。这些也反映在是否愿意子女接班的问题上。调查中，表示希望子女接班、不接班或不确定的被试数量差不多。这一方面说明对后代择业的多元思考，另一方面可以推测只有三分之一左右的企业家对持续创业有热情和信心，三分之二的企业家处于观望状态。调查中有44%的企业家不愿进行

较大投资,也再次反映他们缺乏持续发展奋斗的信心。数据显示,除了新材料、电子信息业等新型产业在地方政府倡导等多因素推动下,其投资有一定增幅,大部分行业投资观望氛围浓,投资动力不是很足,投资意愿继续延续近年低迷形势。民企投资意向持续低迷跟当前宏观经济环境下压力较大,投资回报率不能保证;数字经济等新兴经济形态兴盛,行业变化瞬息万变,投资方向难以把握;土地、能耗、排放等项目要素保障较难等密切关联。

企业家的子女中愿意接班的比例高于父辈的期望值,尤其是 90 后企业家后代接班愿望比前期有较大提升。而且他们倾向在传承基础上进行升级、拓展。升级换代中的主要困惑是对原有模式改革"度"的把控以及与父辈"价值观""掌控欲"的摩擦等。

(四)幸福是目标,底线在安全,源泉在获得,三者强相关

调查显示,安全感、获得感和主观幸福感三者显著相关,其中安全感是底线,获得感是基础,主观幸福感是目标,持续的获得是幸福的源泉。高安全感、高主观幸福感又会为获得感提供支撑。数据显示,高安全感和高主观幸福感的企业家更愿意尝试投资。① 同理,高安全和高幸福感的企业家也更愿意进行获得分享,而持续的获得成为幸福不竭的源泉。

四、对策与建议

最近几年,国内外政治经济环境发生了重大变化,对民营企业家的社会心态产生了很大冲击。民营企业家的安全感、获得感和幸福感紧密相关,共同决定了企业家的经营决策和行为。本研究认为应从以下三方面考虑改进,以优化该群体整体心态状况。

(一)通过强化司法保障提升安全感

优化营商环境是提升民营企业家安全感的核心路径。这需要各级政府稳

---

① 毛文秀、叶显:《地区主观幸福感对区域企业投资的影响研究》,《金融发展研究》2019 年第 1 期。

步做好以下工作。一是充分尊重民营企业的合法权益。用法治保障民营企业及民营企业家信息安全、财产安全,维护民营企业及企业家合法权益,用司法手段来制止、惩戒不合法行为,确保创业者专心、投资者放心、经营者安心。二是积极营造稳定的经营环境。在推进产业改造提升、落后产能淘汰、园区整治发展等过程中,充分尊重和保护企业家自主经营权,在政策制定、兑现、执行上,坚持"一张蓝图绘到底",给企业家营造明确、长效、稳定的政策预期。三是致力建设公平的市场环境。在市场准入、政策扶持等方面要给不同的市场主体以同等的机会、公平的竞争,同时政府对初创的中小微企业在政策性融资担保、提供公共服务上要给予更多的倾斜,努力打造良好的"双创"环境。

(二)凭借解决企业需求提高获得感

获得感的提升可以通过多种渠道实现。对于民营企业家来说,自身的经济收入已经达到相对理想的状态,其获得感更主要的来源应该是精神层面。所以应着重做好以下几点。一是建立健全企业家荣誉制度。开展优秀企业家评选表彰活动,每年选出和表彰一批优秀企业家。畅通企业参政议政渠道,增加各级人大代表、政协委员中企业家人数,在全社会营造尊重企业家、推崇企业家精神的良好氛围。二是及时回应企业需求。对当前企业聚集的用工、融资、贸易摩擦等问题,各级政府应建立专业化服务团队,及时会商,设法解决;同时,健全长效的亲清政企关系,真心走近企业,勇于为企业的合法利益亮剑,切实做到保驾护航。三是完善民营经济服务体系。鼓励发展税务代理、财务代理、商标代理以及法律咨询、质量认证、人才服务、投资策划、项目论证等中介组织,充分发挥行业协会和民间商会的作用,建立完善立体式服务体系,强化对民营经济的引导和服务。

(三)依托完善支持系统增进幸福感

民营企业家幸福感的提升,有赖于对其事业的支持和关爱的体验。最直接的支持就体现在为企业的可持续发展提供指导和保障上。一是探索民营企业家心理关爱系列工程。通过健全心理服务网络、搭建心理服务平台、发展心理服务机构,不仅要关注民营企业家的压力与困惑,更要策划系列发展方案,挖掘心理资本,培育积极心态,助力推进企业家走稳走远。二是关注民企代际传承。一方面,以新生代企业家为重点推进浙商"薪火传承"行动,培养创新意识、工匠精神,增强民营企业传承能力;另一方面,完善职业经理人制度建设,破解部分民企"后继无人"的困境。三是关注区域心态。从个体、家庭、职场、社会、国家这些不同场域培育良好的社会心态,尤其要强调敬业精神、成就动机和效能感的培育,归属、利他、合作、信任的培育,共同建设幸福中国。

疫情期间浙商社会心态调查及建议

中共绍兴市委党校课题组长期跟踪浙江民营企业家社会心态，通过网信浙江、浙江新闻客户端公众号和"问卷星"在线推送电子问卷。课题组对比了2019年3月（1022名）和2020年3月（678名）调查获得的民营企业家的样本数据，同时结合2020年1月30日至3月4日调查获得的18338份浙江民众社会心态中的863名民营企业家样本和2020年4月份联合经信局、工商联走访的近百家民营企业，进行了深度分析，并提出培育民营企业家良好社会心态的建设性意见。

2020年一场肆虐全球的新冠肺炎疫情暴发，其对国内国际的影响远远超出人们的预料，初期的一些预测当时觉得很离谱，现在看来都过于保守。2020年国内第一季度GDP同比下降6.8％，世界形势亦不容乐观，疫情给民营企业的管理者带来了诸多的问题和巨大的挑战，也引起了广泛的关注，各级政府纷纷出台大量的帮扶政策。那么疫情下民营企业家有何变化、有何作为、有何困难、有何诉求，分析研究这些问题，对恢复经济、凝聚人心、整合社会的支撑点和着力点有重要意义和参考价值。

一、民营企业家不安忧虑上升，但不乏敏锐与担当

当新冠肺炎疫情来临，浙江民营企业家跟普通民众一样，焦虑、不安、迷茫似乎成了主要情绪，尤其是国外情形严重，外向度较高的浙江民营企业面对国外订单取消，国外渠道商、合作伙伴倒下，民营企业家的无力感大幅上升，似乎对企业发展失去了信心。调研发现，民营企业家较2019年同期安全感、获得

感、幸福感显著下降,但也有些特别的心理表现给我们带来了希望。

不安中透出坚毅与敏锐。疫情持续发展,民营企业家安全感极低,但他们咬牙坚持,并不断寻觅新的商机。调查显示,当被问及"您担心社会的总体安全吗?""您担心财产安全吗?""您担心企业的可持续发展吗?"时,明确表示担心的分别占 40.4%、35.4% 和 63.7%,分别比 2019 年同期高出 6.2%、3.8% 和 5.7%。但逆境中依旧有 24.2% 的民营企业家明确表示会去做新的投资项目,比 2019 年同期高出 1.0%。例如,在浙江有大年三十从纺织业转产口罩、防护服的企业,有线下连锁店关门转到抖音开直播叫卖的总裁,有兜售盒饭的餐饮巨佬,也有趁着国际原油价格惨烈波动,开始逐步"抄底"原材料的印染企业。面对前所未有的危机,众多的浙江企业绝地求生,并危中寻机,充分展现了浙江民营企业家的灵性与韧性。

关注中映射理性与从容。调查显示,国内疫情爆发期,70.0% 的民营企业家花 1 小时以上的时间关注疫情动向,而花 3 小时以上的占 9.9%,远低于公职人群的 17.3%。17.6% 的企业家很淡定地看待突发公共卫生事件的感染风险,没有因此恐慌。疫情初期,当被问及"您觉得哪些领域需要特别关注?"时,有 52.0% 和 35.0% 的企业家选择了社会生产和国际影响等领域。由于国外在疫情的影响下,市场持续下滑,企业家中有的转拓市场,有的收缩产能,有的危难中仍不裁员甚至重点栽培人员,期待一旦市场恢复,马上奋起。对于危机中倒下的企业,浙江民营企业家也很淡定,认为这就是正常的"新陈代谢""优胜劣汰"。

获得中体现层级与差异。浙江虽然因输入性成为疫情初期最严重的省份之一,但浙江反应迅速、措施到位,成为全国防控和复工复产取得比较好效果的省份。调查显示,民营企业家对浙江政府在防控和复工复产举措上的满意度,分别为 92.0% 和 82.0%。当被问及"当前政府的精准服务助力了企业的发展吗?""行业协会起了作用吗?"时,明确表示有助力作用的分别为 52.6% 和 36.9%,分别比 2019 年同期上升 1.1% 和下降 17.0%。企业家表示政府的防控精准,后期的助企服务员的派驻和消费券发放,在实际管控、表明姿态、提振信心上起了很好的作用。但绝大部分企业家认为危机中最终还是得靠自己挺过去,六成的企业家认为要加大现代企业制度的推广以适当分担风险。身处危机中的民营企业家,对各层面的作用有着自己的判定和标准。

危难中彰显责任与担当。新冠肺炎疫情使民营企业家更加领悟到个人与集体、企业与社会、国家与国家的唇齿相依。调查显示,当被问及"您愿意为战胜疫情提供些帮助吗?"时,75.21%的浙江民营企业家表示"愿意,只要我行"。据浙江省工商联提供的数据,截至2020年3月31日,浙商企业设立基金和捐款捐物累计已超33亿元,其中设立基金14.57亿元,捐款捐物总额18.65亿元。捐赠超万元的企业达7300多家,超百万元的企业400余家,超千万元的企业53家。[①] 疫情持续发展,民营企业家面对自身经营业务成交额的"断崖"式下滑、产业链的断裂、库存的积压,但为了员工,他们尽最大的努力保持工厂(营销)的低负荷运转,以此来维持、稳定员工和员工背后的家,再次彰显了浙江民营企业家的责任与担当。

二、如何找到民营企业的"症结"

新冠肺炎疫情危及生存与发展。它对全球的经济、政治、社会的冲击,我们无法预测。就如,一些企业"2、3月份,还被国外买家催着要交货,现在排除万难,复工复产了,却被告知订单取消"。调查显示,有37.00%的民营企业家认为无法正常经营。当被问及"近期企业面临的最大困难是什么?"时,有71.09%、36.58%、33.40%、26.32%的民营企业家选择了人力短缺或成本上涨、订单受阻、能源或原材料价格上涨、营商环境不容乐观,分别比2019年同期上升20.70%、17.00%、−5.54%、8.61%(见图10)。世界经济"停摆",终端消费市场一下子"消失"、关键原材料和零部件供货受阻、供应链和产业链断裂风险剧增,疫情冲击的持续性和企业勉强硬撑的有限性矛盾日益突出。

高频拯救难有特效与获得。为帮助疫情下的中小企业度过危机,国家省市各层面都采取了很多措施,高频度"问诊下药",但离理想效果尚有距离。调查显示,当被问及"您希望政府出台哪些措施帮助渡过难关?"时,分别有

---

① 林宏伟、王少波:《民企力量浙商担当——浙江省工商联组织企业抗击疫情献爱心纪实》,《中华工商时报》,2020年3月31日。

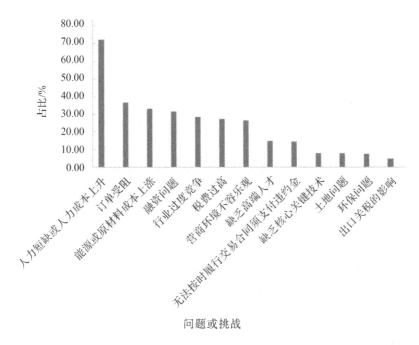

图 10　近期民营企业面临的最大问题或挑战

74.04％、70.50％、43.81％、33.19％的民营企业家提到希望在税费优惠、减免费用、贷款倾斜、调配复工复产物资上给予协助。小微企业的需求大多停留在减免、补助、奖励的层面,大中企业的需求更多的是恢复市场、开拓销路。据不完全统计,截至 2020 年 3 月底,受调查的地级市出台的帮扶企业政策已经达到 70 余个,但依旧有部分企业表示帮扶受惠感受不大。因为很多时候,被救助的中小企业不太明白哪些政策适合自己,如何享受这些救助款项。深入调查发现,有些是补助政策与现实需求不契合,有些是各地政策不统一难执行,有些是资料繁琐、审批复杂,跟企业主的知识水平和精力不匹配,再加上在当前复工复产经济循环没有常态化的背景下,各种刺激政策的传导路径不通畅,相当一部分中小企业很难从这些政策中获利,而且过早出台某些政策,从长远看,或许也存在一些问题。

　　信任信心影响希望与幸福。疫情加剧了不信任感,不管是显性的"社交距离"还是隐性的"心际隔阂",不仅发生在人与人之间,也发展到国与国之间。调查显示,当问及"疫情期间,您对熟人、陌生人的信任跟平时一样、降低或增加？"时，统计发现人际信任度比平时降低了 37.8％，陌生人之间的信任度更是下降了 54.8％。"交心才有交易"，信任度的下降无疑加大了成本支出，而全球产业链太长的风险点燃的逆全球化思潮更加剧了不信任。不少国家想撤走在中国的制造业，虽然短期不会搬走，但这种情绪反映了他们对中国的信任危机，"逆全球化"的阴影会影响人们对未来的预期，这种忧虑情绪与国内本已脆弱的情绪产生共振，会陷入更担忧的状态。调查显示，民营企业家对生活的满意度、主观幸福感、希望子女接班的意愿也分别比 2019 年同期下降11.3％、18.9％和 13.9％。

三、"对症下药"，培育民营企业家良好心态的几点建议

加强信息对称，不断筑牢安全感。当前世界经济放缓，局部"暂停"，风险仍然强烈倾向下行，信息的有效性对正确评估、科学决策显得尤为重要。权威而充沛的信息是不确定情况下最大的"定心丸"，积极探索构建一套科学高效的信息预警和发布机制显得尤为重要。建立企业信息服务平台，统一集中自动生成有关行业动态的即时数据，为企业提前谋划、规避风险提供数据支持。譬如对订单变化、产供链风险提前预警，保证政府部门间出台的政策不重复、不矛盾、易落实。这就不仅需要解决数据不通畅、"信息孤岛"的历史问题，还要解决从业务数据到数据业务转变的现实问题。解决这些问题需要统一投入资源、建立数据标准，更需要理念升级、智慧服务，真正把"数据"纳入重要的范畴。

加强信任合作，逐步提高获得感。世界是平的，彼此相连，疫情带来的不仅是经济金融领域"海啸"，还波及全球可持续发展进程，任何国家、组织和个人都不能独善其身。近 10 年持续低迷的信任环境，在如今显得尤为扎眼。危机时刻特别需要信任合作，因为它是不确定情况下提高承受力、咬牙挺着的关键支撑点，疫情下的各市场主体、各国间的信任互容，积极探索构建一套彼此信任互相包容的机制显得尤为关键。我们知道企业间的合作，当事人间个体信任固然重要，但如果只是对当事人或企业主本人信任，一旦突发事件中个体发生意外或变故，信任就变得难以持续和传递，所以只有对机构、组织的信任

才能制度化,并固定为一种工作机制和组织的生命力,持续稳定地传递下去。因此,应强化机构信任、制度信任,全球携手,共克时艰。

　　增强发展信心,渐进提升幸福感。危机就是天空中的阴霾,而信心是冲破阴霾的阳光。危机时刻,我们所要做的一切工作说到底就是引导人看到光芒,恢复信心,改善预期,从而恢复经济社会常态发展。企业家的信心,跟营商环境、政企关系、行业前景显著相关。提振企业家的信心,首先应健全企业家荣誉制度,大力表彰企业的担当、敬业精神,在人大代表、政协委员中增加民营企业家的份额,倾听企业家心声,切实为企业家排忧解难,在全社会营造尊重企业家、推崇企业家精神的良好氛围。同时,引导企业家修内功提内控,当"黑天鹅""灰犀牛"事件发生时,只要找到改变的方向、路径以及合适的工具,就能扭转局面。

企业基层员工社会心态调研及建议^①

一、当前企业基层员工社会心态的特点

(一)企业基层员工总体感觉比较幸福

生活满意度是主观幸福感常用的测量标准,通过对收入、家庭生活水平、社会经济地位等常用指标的调查发现,基层员工生活满意度均值介于比较满意和一般的水平,但非很理想的状态(见图 11)。回望过去五年和展望未来五年的家庭生活水平,员工都感受到了一定幅度的提升且对未来充满信心。企业中,

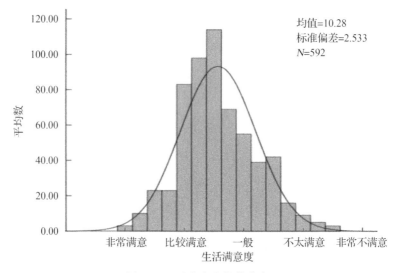

均值=10.28
标准偏差=2.533
N=592

图 11　生活满意度得分分布

① 曾刊登于中共绍兴市委办公室、中共绍兴市委改革办(政研室)《决策参考》2019 年第 17 期。

硕博士学位的员工满意度低于本科学历者。体制内（国有和集体成分的企业）员工对企业的诉求集中在职业规划、企业文化生活的丰富、企业参与等，体制外（非国有和集体成分的企业）员工的诉求则集中在薪水的提升、信息渠道的畅通、企业文化生活的丰富。不管是哪种体制，社会经济地位的自我评价均不是很理想，尤其是体制外员工。基层员工幸福感均处于一般水平，且随着工龄增加而有所提升，但工龄 30 年后有较大滑坡。总的来说，员工幸福感集中在中等比例水平，而理想的幸福感水平应该是中等以上水平比例更高的偏态分布。

（二）企业基层员工社会公平感总体一般

社会公平心态是社会优良治理的关键影响因素，一定程度上决定着社会的和谐与稳定。通过对贫富差距、分配方式、法律的公正性等常用指标的调查发现（见图 12，其中社会公平感受平均数的区间为 1—5，1 表示非常公平，2 表示比较公平，3 表示一般，4 表示不太公平，5 表示很不公平），企业员工社会公平感得分处于一般公平的水平，总体社会公平感高分不显现。员工普遍认为当前贫富差距较严重，社会分配公平性就需要特别关注，部分员工对个别富人的致富方式的认可度不高，但对法律的公正性评价很高，当自我利益受损时，73.3％的人非常愿意或者比较愿意采取法律途径来维护自己的权益。

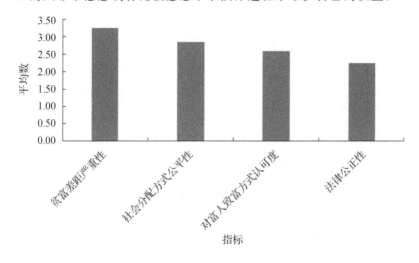

图 12　不同方面的社会公平感受

(三)企业基层员工社会信任度差异明显

社会信任作为社会心态的重要内容,不仅对个体健康和幸福有重要意义,也是一个社会健康发展和团结的晴雨表。以熟人信任和陌生人信任为指标的调查显示,熟人信任处于比较信任和一般之间,其中体制内员工信任高于体制外,男性高于女性,但随着年龄的增长,生活阅历的丰富,不管何种体制和性别的信任度都越来越低(见表 27,其中社会信任均值区间为 1—5,1 表示很信任,2 表示较信任,3 表示一般,4 表示不太信任,5 表示很不信任),在对陌生人的信任上,信任度较低,这些也间接反映在对参加公益活动、捐款捐物等社会行为参与热情不很高,自主、自发的相对不太多。

表 27　不同年龄段的社会信任差异

项目	90 后	80 年	70 年	60 后及更早
均值	2.17	2.20	2.35	2.59

(四)企业基层员工对政府干部工作的满意度、未来国家发展的信心较高,但有些领域问题依旧突出

信心是指对行为成功及其相应事物的发展演化犹如预判的信任程度。通过对是否能建成法治社会、是否能逐步解决当前的一些社会问题、国家的未来发展等常用指标的调查发现,企业员工对国家的未来处于较有信心的水平,尤其是国家发展信心指数最高,体制内员工的信心指数高于体制外(见图 13,其中信心指数区间为 1—5,1 表示很有信心,2 表示较有信心,3 表示一般,4 表示信心不大,5 表示没有信心)。

企业员工对当前政府干部的服务满意度总体处于较满意的水平,体制内的中层领导满意度略高于其他职务层次人群,员工对惠民政策落实度等评价高,但对医疗、养老等领域依旧表现出一定的忧虑,尤其是体制外员工(见表 28,其中满意指数区间为 1—5,1 表示非常满意,2 表示比较满意,3 表示一般满意,4 表示比较不满意,5 表示非常不满意),且 48% 的人认为通过自身努力也无法改变现状、解决问题,只能寄希望于政府。

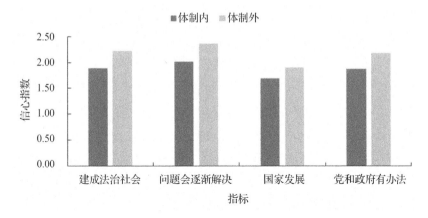

图 13　不同用工体制下员工的国家信心度

表 28　不同领域的感受度

用工体制	社会治安	社会风气	医疗	养老
体制内	1.89	2.34	2.61	2.32
体制外	2.23	2.67	3.02	2.70

二、对策与建议

(一)降低生活压力感,提升获得感、安全感

住房和子女教育成为不少企业员工,尤其是外来员工的生活痛点。住房问题建议:一要政府、企业合力构建多层次、差异化、全覆盖的住房供应与保障体系,尤其是普惠的政策性住房支持。东莞的华为员工低于市价买入、10年后才能上市的住房就是一个三方共赢的经典案例。二要及时传递已经出台的各项优惠新政,消除员工因不了解有关政策而错失补贴的现象。子女教育上建议:一要优化区域教育资源配置,通过加大教育"联合体"等的构建,引导多元的教育需求理念,为"择校热"降温。二要鼓励企业成立员工子女教育基金,帮助解决员工子女入学难、就学难的问题。另外,要量身定制适合"实用人才""特殊人才"的优惠政策,避免没"本本"而造成的"引进来、待不长、留不住"的

尴尬现象。

医疗、养老也是员工生活压力源的重点,基层员工对养老保险制度采取的"分类施保"办法非常不满。建议:一要建立更加科学合理的待遇确定和调整机制。通过采用定额调整、挂钩调整与适当倾斜等方式,逐步化解养老保障上的历史矛盾。二要构建多层次的社会保障体系。加快推进养老保险和医保制度的配套机制,推动商业养老保险发展,健全医疗保险和医疗救助的衔接。三要推进社会保障的"流动性"改革,细化城乡、地域、企业与机关事业单位间的转接。

(二)传递亲社会行为,培育积极的人际关系

亲社会行为包括对困难或受灾群体的捐款捐物、参与志愿者活动等利他行为和公共参与行为,对社会信任、社会风气的提升正相关。建议:一是各级政府和企业要多组织慈善公益活动,重点培育传递力和感染力最强的普通大众。二是慈善公益等信息要公开透明,尤其是对实施者的贫富水平、是否获益等动机要全面了解,并适时公布。三是要提高公益组织自身开展公益项目的能力。

(三)疏通发展通道,提供实现梦想的机会

向上流动是每个人的期望,优良的企业文化、工作过程的愉悦感、企业发展的参与感、利益的共享感和未来的期待感都是员工向往的。建议:一是根据企业情况,实行员工持股计划和虚拟股权、真实股权激励等方式,打造员工和企业的命运共同体。二是丰富企业文化生活,定期开展各类文体活动,组建不同类型的社团,培育兴趣爱好,同时让员工在活动中增进了解、合作、信任、归属。三是科学制订企业人才发展规划,作为一项内容纳入考核,并提倡体制内优秀人才的交流。当然,企业的发展规划,领头羊的理念、作用很重要,除了企业经营者自发外出考察学习外,有关部门要适时组织企业家培训,为进一步开阔视野,增进企业家间的了解、合作搭建平台,同时也能促进政企之间良性互动。

员工"就地过年"企业家群体调查反馈^①

2021年春节前期,全国不少地区发出就地过年的倡议,绍兴也加入了"新绍兴人,请您留在绍兴过年!"的倡议队伍。为深入了解这一倡议的针对性、有效性,切实助力新冠肺炎疫情防控和经济社会发展"两手抓、两战赢",绍兴市委组织部依托"越商大学堂"特色阵地,组织"企业家群体"对这一倡议的意见反馈进行专题调研,现将企业家的意见建议梳理如下。

一、低谷已越,"稳工增产"刻不容缓

截至2021年1月底的调查,绍兴企业已普遍走出新冠肺炎疫情低谷,并率先迈向复苏。据不完全统计,过半数的企业2020年产值、销售与往年基本持平,部分还实现了"三季正、四季红"的逆势增长,如中财管道、阳光照明等越商大学堂学员企业年增幅均超过10%。另外,大多数中小微企业2020年产销额只达到往年的六成左右,并面临原材料价格大涨且缺货、持续"用工荒"等问题,部分小微企业还因自身规范化、规模化程度不高而无法享受惠企政策,导致举步维艰。调研中,企业家普遍认为应该抓牢"节前年后"这个重要时间节点,事关全年稳工增产大局。

对此,学员企业负责人建议:一要关注中小企业即期生产,提前谋划长效政策。目前国内部分地区已出现疫情中高风险,其中也涉及不少中小微企业的上下游供应链,一定程度上影响到企业的正常生产经营。企业家们推断,这

---

① 原题目为"有需求也有压力　要氛围更盼配套——'留绍过年'企业家群体调查反馈",刊登于《越商大学堂》(专报)2021年第3期。

样的情况很大可能会在一季度继续延续。建议政府结合常态化疫情防控,重点关注产业链稳链强链、中小微企业稳工稳产,特别对一些疫情可能引发的生产经营风险要及时预警。同时,建议谋划疫情下支持中小微企业健康发展的长效政策。二要防止防控"一刀切",更忌层层加码。当前部分企业出现原材料紧缺等生产困难,其原因除了企业对市场恢复能力的预判不足外,还因为某些地区在物流上对来自中高风险地区的物资采取"一刀切"的方式,阻碍了原材料的正常物流通关。建议结合实际,在事件低风险地区,在劳务输出与输入地区之间,实行一码通用、互认,借鉴并改进 2020 年年初复工复产时采取的较为完善的信息化手段,保障劳务、物资供给,最大限度促进物流的正常有序运转。三要培育更新企业家理念,大力弘扬"工匠精神"。大力引导和鼓励企业在研发、设备、员工培训上加大投入,要致力于生产组织、生产环境、生产技术的改进,以适应现代工人对用工环境、生活品质的需求,用机器换人应对"用工荒",用质量取胜站稳市场,力争成为行业的"隐形冠军"。

二、"留绍过年"广受关注,但"舆论氛围"仍需营造

自 2021 年 1 月 6 日绍兴市人社、经信、总工会三部门联合发出倡议书后,"留绍过年"这一话题迅速引起热议。经调研,供需双方对"留绍过年"尚存一定的分歧。一方面,个别企业主对这一倡议不太积极;另一方面,个别员工"趁火打劫""漫天要价",甚至抱团向企业主施压。这说明个别企业和员工对"留绍过年"的认识还不到位,甚有偏差,不利于统筹抓好疫情防控和经济社会发展。

对此,学员企业负责人建议:一是发挥榜样群体的示范带动作用。面对日益严峻的疫情防控形势,各地医护人员、快递小哥、卡车司机等各领域的一线人员特别是身边党员,都涌现出坚守岗位、服务群众的典范。建议通过多种形式加强对这些正面典型的宣传,尤其要发挥好企业"两新"党组织、车间党员的力量,积极弘扬正能量,凝聚起助力疫情防控、抢占发展先机的共识。二是增强基层的"留绍过年"氛围。通过"春节留守标语征集令"激发群众参与热情,在工业区、社区、农民工相对集中区域的醒目位置张贴鼓舞性强、让人眼前一

亮的宣传标语以及宣传警示语,营造浓厚的舆论氛围。三是提升企业文化的思想引领作用。将企业的文化宣传活动与疫情防控工作相结合,强调企业和员工既是效益共同体,更是命运共同体;抗疫与稳产是当下生命和生计的双重呼唤。将"留绍过年"与心系企业、共克时艰相联系,引导员工统一思想、统一行动。

三、"留绍倡议"赢得认可,但"落实落地"尚需配套

外地人员"留绍过年"倡议已得到企业的高度认可,调研中,企业家普遍认为该倡议能解决当前疫情防控之需、生产发展之急。一方面,外地人员留绍是疫情风险下确保员工健康安全的稳妥之策,为他们创造一个其乐融融的过节环境是企业理应承担的社会责任;另一方面,春节期间订单需求增加,正是企业在危机中抢抓发展先机的关键节点,外地员工留绍,能为稳产保供抢占市场提供坚实保证。现在不少企业已积极行动起来,比如卧龙集团以一封慰问信、一顿团圆饭、一份休假单等十个"一"开展"留在卧龙过大年"系列活动;德创环保发布"温馨家书",派发"过年礼包",出台春节出勤补贴、返岗奖励等激励政策。大数据显示,网民浏览"留绍过年"相关倡议书后,积极情绪占据主流,特别是对当地政府、企业暖心行为的赞扬和喜悦,分别达到 65.35% 和 31.71%(见图 14)。

与此同时,企业在积极响应"留绍过年"倡议过程中,也遇到不少困难和挑战。一是动员压力。外地员工尤其是单身人士,饱受思乡、思家、思亲之苦,对"留绍过年"抵触较大,在外界劝解下甚至可能辞职返乡,严峻的"用工荒"形势将使企业承受更大压力。二是经济压力。员工"留绍过年",企业需额外增加加班费、春节留岗补贴、春节慰问红包、员工年夜饭等一大笔支出,一定程度上打乱了企业预算支出计划,中小微企业普遍觉得力不从心。三是管理压力。外地人员春节留绍,是对企业科学统筹员工上班与休假提出的新课题,既要避免"留绍过年"异化为"留绍加班",又要确保留绍员工在春节这个特殊时期的生活所需和生命健康,如若处理不当则易引发经营管理风险,甚至引发劳资纠纷。

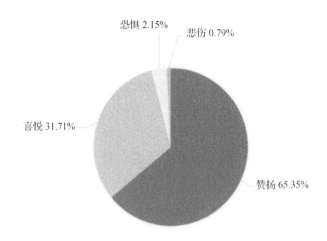

恐惧 2.15%　　悲伤 0.79%

喜悦 31.71%

赞扬 65.35%

图 14　线上主流媒体关于"留绍过年"的网民情绪

对此，学员企业负责人建议：一是重视暖心关爱行动，大力提升"留绍人"过年获得感。发放旅游卡、消费券、流量包等实打实的春节留绍暖心福利，通过系列文化活动为留绍人员营造浓厚的年味，举办免费冬令营等活动丰富留绍人员及其子女的假期生活，同时加强与留绍人员家乡政府合作，以"云端团圆"、媒体连线等形式帮助留绍人员与家乡亲友欢聚一堂。二是做好企业运营保障工作，解决生产后顾之忧。全力保障春节期间企业生产生活所需，重点确保供电、供气、供水平稳。调研中发现，目前已有个别上述保障型企业停工停产，势必影响广大企业的正常生产。统筹推动岗位互补的企业开展员工共享等合作，重点帮助订单较多、生产任务较重、一定规模的企业科学安排外地员工春节错峰避峰休假、留绍岗位调休计划。三是加大专项补贴力度，减轻企业经营压力。出台专项政策，鼓励企业在春节期间保持连续生产，并对较好完成抢先机、抢工期任务的企业给予专项补贴与稳企稳岗奖励；鼓励企业在春节期间"练好内功"，组织开展灵活多样的员工职业技能培训，并给予培训补贴。

留浙过年务工人员满意度调查及建议①

自 2021 年 2 月 9 日 10：00 至 2021 年 2 月 12 日 22：00，中共绍兴市委党校课题组借助"问卷星"平台，共收集非浙籍留浙过年务工者有效问卷 3261 份。此次调查中男性 2041 人，占 62.6％，女性 1220 人，占 37.4％，平均年龄 35±5 岁；其中党员 268 人，占 8.2％。从受教育程度来看，初高中占73.7％，大专及以上占 20.1％。调查对象的月薪集中在 3000 元至 7000 元间（80.4％），一线员工占 69.2％，涉及制造业、交通运输、批零住餐、新业态等 12 个行业。

根据调查分析结果，外来务工人员对留浙过年的即期举措总体满意，认为各项政策举措都十分暖心，展现了浙江开放大气、担当务实、温暖包容的气度。务工人员在留浙的一段日子里感受到了"家"的温度，而浙江的各级政府在政策精度、基层服务、发展预期等方面仍有提升空间。因此，我们建议：一是制度化稳固留浙举措，完善社区服务，变春节"非常举措"为"常态关爱"；二是抓实抓紧节后复工，稳工稳产、留薪留心，共建共享发展成果；三是创新务工人员基层党建，更好汇聚"散落力量"，发挥建设担当。

一、务工人员留浙过年概况

(一)责任让务工者留浙过年，但年关节点仍难遣思乡情绪

调查显示，2021 年留浙过年的务工人员中，59.4％的人曾有异地过春节的

---

① 曾刊登于中共浙江省委党校(浙江行政学院)《决策参阅》2021 年第 6 期。

经历,且异地过年的经历随着收入增加而递增。2021年促使外来务工者留浙过年的原因排在前五位的分别是:"想要为疫情防控尽到自己的力量""受现居住地过年政策影响""需要核酸检测""受老家过年政策的影响""担心影响子女学习",占比依次为61.8%、38.0%、36.0%、28.0%、16.6%。

那么,留浙务工者又是如何度过这个春节假期的呢?调查显示,除夕当晚,分别有58.0%、36.0%、25.0%的人跟配偶、子女、同事在一起过年,除夕当晚他们住在"自有住房""出租房""单位宿舍"的分别为12.5%、48.0%和33.5%。由于日子特殊,一部分人尤感"独在异乡为异客,每逢佳节倍思亲"的心情,调查显示,有55.4%的人对不能回家过年表示"有点失落,但也没办法",5.2%的人表示"非常失落",而感觉"一般,能接受"的务工者则为36.2%。调查结果同时显示,不能回家过年的这些外来务工者的情绪跟在异乡和谁一起过年、哪里过年、原本回家计划安排等紧密相关,特别是2020年也因疫情不能回家的人群的情绪需要特别关注。而"跟亲友云视频/电话""刷短视频""做家乡菜"等活动让"独处"变为"共在",有效缓解了思乡之情。春节假期,这些留浙务工者做得最多的几件事分别是:"宅家娱乐""附近出游""加班工作""品尝美食""学习充电",分别占比54.0%、37.0%、34.0%、27.0%、23.0%。

(二)温情让务工者对浙满意,但服务精度有待进一步提高

"就地过年"惠民大礼包,赢得外来务工者广泛关注。据调查,浙江各级政府的"就地过年"惠民举措,集中在"发放现金/消费券""过年大礼包""景区免费""流量免费"等,分别有44.0%、39.0%、26.0%、17.0%的受调查者提到。企业的鼓励举措集中在"过年礼包""加班补贴""留岗红包""年夜饭"等,分别有45.0%、39.0%、34.0%、31.0%的受调查者提到。

留浙过年举措,赢得外来务工者点赞。调查显示,分别有86.6%、82.3%和69.6%的人对政府、企业、社区的留浙过年举措满意。如义乌的留义过年人员的17项福利公布后,此举措被评为高分答卷。外来务工者对政府举措的满意度排在前三位的分别是对外来务工"子女托管服务""职业培训""发放过年礼包"。绍兴越城区团委针对外来务工者子女推出的"团团陪你过新年"就很受好评。外来务工者对企业举措的满意度排在前三位的分别是企业的"文娱

活动""留岗红包""过年礼包"。如台州一企业老板鼓励外地员工留浙过年可享1000元红包及景区门票的视频被搜狐、新浪、优酷网站纷纷转发,网友点赞一片。

但调查也反映,留浙过年服务举措的推广度、均衡性和精细化程度不够。社区的举措相对比较单薄,集中在"走访慰问""文娱活动",且知晓度不高,被访者中仅有10.0%和9.0%的人提到。还有25.0%和57.0%的被调查者对政府和社区的惠民政策不太了解,有11.0%、24.0%的人提到企业、社区基本没有相关举措。10年以上的企业,他们的员工则有30.0%左右的人能享受上述服务,但企业成立三年及以下能享受优惠服务的员工不到3.0%。春节期间留浙务工人员遇到最大的生活困难按序分别是:"就餐""自己或家人收入""赡养老人""教育子女"等,分别有28.8%、26.0%、25.0%、23.0%的人提到。子女的教育问题,越来越引起新一代务工者的关注,这通常也是决定他们职业选择、发展的重要因素。

(三)服务让务工者对浙信任,对未来充满希望,但主观社会地位有待进一步提高

调查显示,留浙过年的务工人员对浙江很信任,87.0%的外来务工者表示信任浙江政府和企业,对社区信任的人约占80.0%,对陌生人信任的人约占65.0%。他们非常坚信党和政府能有效控制疫情,自己只要配合政府即可。信任也跟人遇到困难时觉得有效的求助紧密关联,外来务工者遇到困难能有效提供帮助的分别是企业、政府、家人、同事、亲友,分别有57.0%、50.0%、38.0%、32.0%、31.0%的被调查者提到,而社区被提到的只有12.0%。

被调查者认为浙江是一个值得留下来发展的好地方。近九成的调查者表示,春节后将继续留在浙江发展,认为未来"家庭""社区环境""职业发展""个人收入"会越来越好,其中有71.9%的人提到未来"家庭"会越来越和谐。他们中的多数人都想成为一名中共党员,有56.7%的被调查者表示"想入党","非常想加入党"的为44.7%。一位被调查者表示,"我想做点事情给别人做榜样,因为大家相信党,所以如果我成了党员,就能影响更多的群体,帮助更多的人"。

但调查中也发现,外来务工者主观社会地位偏低。当问到"如果根据收入、教育、名望、权力等划分几个阶层,总共有 10 个阶层,1 为最低,10 为最高,您认为您当前所处的位置在哪里?"时,外来务工者中选择中下层的占比较高,有一定占比的外来务工者感觉"不太融入当地人",有 8.0% 的人感觉"被排斥",甚至有 4.0% 的人感觉"被歧视"。

二、留浙过年调查引发的思考与建议

2021 年的"留浙过年"行动与 2020 年的"接人返岗"虽然都是特殊时期的非常举措,但展现的却是长期形成的区域社会治理水平。浙江作为外来务工大省,省外来浙务工人数逾 1900 万,占比达 51.0%。如何在疫情防控与经济社会发展中协同实现有温度的智治共享,是"留浙过年"留给我们思考的。

(一)变"非常举措"为"常态关爱"

留浙过年倡议被广泛接受,得益于政府引导、举措落实,调查中被访者普遍希望相关举措能得到进一步固化、提高。一是举措制度化。把走访慰问、发放消费券、景区免费、流量免费等惠民利民举措制度化,形成对外来务工人员长期有效的关爱机制,变春节特殊时期的"非常措施"为更牢固的"常态关爱"。二是服务下沉化。加强社区基层基础建设,充实力量,丰富手段,搭建贴心服务外来务工人员的平台,把对外来务工人员的日常服务从"厂区"延展到"社区",帮助外来务工人员融入城市,找到"家"的情感认同。三是政策精准化。系统化、精准化制定产业工人队伍建设、外来务工人员关爱等政策,聚焦政策的事前调研、事中执行、事后评估,加强政策广泛宣传,使共建共享落到细节,让更多的来浙人员感到任何时候"留浙"都是一种幸福选择。

(二)为"公心善意"谋"发展预期"

留浙过年包含了外来务工人员对疫情防控的公心善意,也包含了其在浙江发展的美好企盼,大家更希望这份心意能得到实实在在的反馈。一是抓紧复工准备。就地过年除了有效防控疫情外,也有利于缓解用工荒问题,有望降低企业复工成本,提高务工人员收入,更好实现"逆假期效应"。节后当务之急应抓好复工工作,确保外来务工人员能获得"留薪"实惠。二是加强节后稳岗。树立"留人即招人、留人即稳岗"理念,宣传好稳工政策,发挥留岗"富矿"作用,以工带工,吸引更多优质劳动力资源集聚,确保"过得了年、稳得住岗、开得好工"。三是构筑向上通道。向上流动是人们的期盼,要让外来务工人员在浙江有更乐观的发展预期,要完善落户条件、养老措施、医疗政策、住房保障、子女教育、评奖占比、晋升条件等相关事宜。

(三)聚"散落力量"为"建设担当"

做好外来务工人员组织管理工作,强化基层组织建设,把党建工作渗透到流动人口管理中。一是积极探索民工党员组织生活方式,以企业、镇(街)为单位成立"网络党组织",开展在线组织生活。通过"双找"(组织找党员、党员找组织)活动理顺组织关系,或成立驻外流动党支部,推行"管属"并行流动党员管理等。二是健全优秀民工和党员"双培养机制",强化群体组织力和党员引领力,增加外来务工人员群体发展党员工作的新途径,加大发展党员力度。建立流动党员联系同籍老乡、"初心、善心、匠心"党员检验等制度,通过各种路径把农民工中的党员培养成技术骨干、行业带头人等。三是加大对民工党员和民工群体的关心关爱力度,各级党群服务中心在节假日期间继续为党员提供教育和服务。

推进企业数字化改革的调查及相关建议

为有效推进数字化改革,赋能企业高质量发展,绍兴市知识界联合会课题组咨询绍兴市改革办、发改委、经信局、科技局、商务局等部门相关负责人后编制《企业关于数字化改革的意见建议调查》,并于 2021 年 6 月 10 日至 6 月 19 日通过"问卷星"平台收集答卷,共收到问卷 877 份,其中有效问卷 862 份,涉及纺织化纤、高端装备、新业态(网店、网络直播)等 12 个行业,其中越城区、柯桥区、上虞区、诸暨市、嵊州市、新昌县企业的占比分别为 16.31％、23.15％、23.03％、14.82％、10.15％、10.83％,规模以上企业占 43.40％。课题组统计分析相关数据,发现不少有价值的信息,具体情况如下。

一、企业数字化改革的总体情况

(一)企业对数字化改革有一定了解,对其重要性认识有显著的行业特征

调查显示,八成企业对当前推进的数字化改革有所了解。从了解的程度看,规模以上企业的中层管理者了解程度最高,估计跟该群体有机会参与政府各部门组织的相关会议培训有关,但有 14.18％的企业高管表示对当前的数字化改革还不了解。从地区和行业看,柯桥、上虞的企业,从事高端装备、生命健康、信息经济的企业对数字化改革的知晓度明显高于其他地区和行业。

调查进一步显示,不同规模、不同行业对数字化改革的认识存在一定差异。认为本企业与数字化改革"没有需求""关联度不高""影响很大""依赖度较高""帮助抵御低迷经济"的分别为 12.30％、30.70％、34.90％、9.40％、12.70％。有些企业认为数字化改革对企业影响大,选择"影响很大""依赖度较

高""帮助抵御低迷经济"的行业分别是:高端装备和生命健康、新业态、化工行业。但也有一定数量的企业认为两者的关联度不大,如约半数的房地产业、现代农业、纺织化纤、批零住餐业认为本企业对数字化"没有需求"或"关联度不高"。规模企业对数字化改革重要性的认识明显高于规模以下企业。

(二)半数企业尝试推进数字化改革,目标、手段、领域、进程多元呈现

调查显示,49.8%的企业表示已着手数字化改革,企业推进的方式各异,选择"从最高管理层自上而下实施""各团队自下而上提出需求""多部门通力合作""个别部门试点"的分别为26.6%、20.9%、30.5%、18.9%。目前"有专门人员或组织负责""没有专门人员但有招聘计划""没有专门人员且无招聘计划"推进数字化改革工作的企业各占三成,但"有专门人员且很专业"推进此项工作的只有8.0%。调查中,多位企业家表示,数字化、智能化一定是趋势,这是提升企业产品质量、解决人工紧缺的重要抓手。但目前有些企业通常只做了某一领域的数字化,造成了一定程度的浪费,譬如软件、机械、应用等领域,工程师需要与企业工人合作共事,尤其是目前一些企业的一线工人受教育程度不高,在领悟专家思路的过程中需要一个媒介人,因此企业家渴望政府可以安排专家、教授下派,这些系统性工作需要在政府协助下才能完成。

调查进一步显示,企业数字化改革的目标集中在"提高效率""响应需求""增强创新能力""改善商业决策""改变商业模式",分别有76.8%、49.7%、46.1%、38.9%、29.1%的企业选择。企业数字化改革开展的领域,总体看主要集中在"财务管理""成本管理""采购管理""生产管理""计划管理""营销管理",分别有41.0%、40.7%、36.7%、35.0%、33.1%、32.1%的企业选择。行业间数字化改革领域有着明显的侧重,如化工材料业侧重财务管理,信息经济和新业态侧重营销管理,纺织化纤业则侧重成本管理,等等。

(三)多数企业已适应常态化的疫情,数字化改革的参与度与其发展状况强关联

调查显示,绍兴的企业已经适应常态化的疫情,在近一年中绍兴的企业总体上优于其他地区的同行业,在销售收入、利润、市场份额、投资回报中均有较

好表现。如认为销售收入增长、市场份额增长"较好和很好"的分别为 66.9%和 63.4%,远大于认为"较差和很差"的 33.1%和 36.6%,另外,六成企业认为近一年利润增长和投资回报较好。但企业盈利整体不是很高,71.0%的企业盈利集中在 0.0%~12.0%区间,其中盈利 6.0%以下、6.0%~12.0%、12.0%以上的分别占 39.0%、34.7%、26.3%,被调查的 12 个行业中盈利前三位的是生命健康、新业态、高端装备业,企业盈利最不理想的行业是纺织化纤业。

调查进一步显示,盈利能力强、发展趋势好的企业,对数字化改革的关注度、参与度远高于其他企业。如对数字化改革的了解度上,盈利率在 6.0%以下、6.0%~12.0%、12.0%以上的企业自认为"很清楚"数字化改革的分别为 4.6%、10.7%和 50.8%。而这些盈利在 12.0%以上的企业,目前在应用场景方面"已经正式启动或已取得实质性成效"的占比为 6.0%,大于盈利 6.0%以下企业 0.9%的占比。从企业的发展势头看,近一年"销售收入增长""利润增长""市场份额增长""市场回报率""自我评估很好"的企业在"社交平台""电商平台"参与度占比为 27.3%,大于"自我评估发展不好"的企业 16.0%的占比值。但总体来看,被调查的企业数字化平台的参与度不够,目前通常停留在平台中参与"销售产品和提供服务""收集或分享一些信息"的层面,而"参与平台发展相关决策"的很少。

(四)企业在推进数字化改革中困难不少,亟须政府帮助

调查显示,84.3%的企业在推进数字化改革过程中碰到不少困难,主要集中在"技术能力不够、专业人才匮乏""缺少战略规则、找不到数字化改革方向""数字化改革成本太高、自身资金力量不足""找不准业务场景与数字应用的结合点"等方面。对于数字化改革如何推进,不少企业无所适从。如关于应用场景,被调查的企业中"还没有考虑,不知如何启动"的有 48.7%,而"项目在省级层面揭榜挂帅列为试点""取得实质性进展,正在为全省推广做准备"的只有 3.1%和 2.7%。超半数的被调查企业提到,希望政府"开展企业数字化改革的专项知识培训""分享企业数字化改革的成功案例""出台企业数字化改革相关支持政策"。譬如柯桥区组织纺织印染的企业去深圳百布网调研。调查中印染业的企业家多次提到,他们非常希望在企业和政府合力下攻克难关,如关于

目前用刻盘测试来调节定型布的克重（厚度），造成每匹布头浪费的困境，虽然从单个讲量不多，但从整个行业，一年甚至几年累计来讲就不是一个小数，而且也会造成二次污染。

调查进一步显示，企业希望政府部门在推进数字化改革中对关键节点重点关注，如分别有51.3％、47.6％、46.5％和41.4％的企业认为要"优化政府的管理、服务和决策模式""优化政府数据管理体制机制""促进数字经济发展""加快政务公共服务数字化转型"。企业希望通过政府的数字化平台得到解答的内容，由高到低排序分别为"惠民惠企政策""创业就业政策""公共服务信息""政企互动信息""重大战略信息""金融理财信息"和"城市发展信息"，分别有75.2％、42.2％、39.3％、38.6％、37.2％、35.2％和33.4％的企业选择。被调查的企业特别强调，希望政府的相关政策、资讯发布能最大限度让企业收悉，且政策文件简明、简约。如新生代企业家"双传承"培训班上，绍兴市领导携发改委、经信局、科技局、市场监管局、环保局等职能部门负责人与青年企业家面对面交流，为企业解难题活动很受欢迎，企业家们为相关部门提到的优化政策文件传递和解读模式点赞。

二、相关建议

（一）加强数字化改革的宣传引导，并注重改革的科学性

一是要加大产业数字化宣传力度，在企业中选出不同行业不同规模的改革典型，尤其要突出龙头企业在产业链数字化改革中的带动引领。二是构建数字企业生态，引导支持中小微企业智能制造单元、智能生产线建设，完善中小企业上云扶持政策，打造数字经济企业森林生态群落。三是要注意数字化改革科学性，切忌不按发展规律办事，不管是否适用，都套用数字化形式，搞形式主义；在数字化建设中，要特别注重调查研究，强化建设内容和形式的科学性，拓宽数字建设的全局性视野和格局。

（二）加强数字化改革的支撑体系，并注重建设的兼容性

一是加强数字化改革的专业力量支撑，培育一支适应改革需要、满足企业

诉求的第三方机构队伍,推动企业从模式化、阶段化、片面化改造向全面、精准、高效的改革转变。二是推进数字化改革的标准规划体系,努力在规范和统一标准上下足功夫,着力解决各地各部门数字化进度不一、水平参差不齐、数据壁垒等问题,真正建立共享互通的信息系统。三是完善数字化改革的支撑体系,加快制定数据管理、安全管理、项目管理等方面制度体系建设,特别是在顶层设计方面加强数据收集、管理和运用的法制化建设等。

(三)加强互联网平台建设,并注重产业的梯队性

一是加强互联网平台建设。特别要面对中小企业,培育一批综合性和行业性互联网公共服务平台,为企业供应链管理、生产管理、研发设计、制造业服务等赋能,降低中小企业投资成本。二是更大力度支持优质企业数字化改革。加速形成先发优势,利用市场竞争引导、倒逼其他企业关注、参与改革。条件适合的地区,要大力推进软件和大数据产业园区(园中园)建设,培育一批服务于制造业、服务业、农业的软件企业和大数据企业,重点培育智能制造工程服务公司、系统集成企业。三是重塑传统产业和培育新型产业并举。重塑传统产业核心竞争力,加快印染、化工等产业跨区域集聚提升,争取搬迁新项目尽快投产达产,深化传统产业改造,增加分行业试点,提升其产业技术含量和价值含量。全力培育更有生命力的市场主体,实施企业"长高长壮"培育行动,一体推进"雄鹰"、"凤凰"、"专精特新"小企业和单项冠军等系列培育计划,形成一支雁阵式的企业梯队。

(四)加强数字化改革中的互动交流,并注重优化流程

一是定期开展"政产学用金"数字化改革研讨交流。交流改革难题,统一改革认识,加快形成机制、政策、技术、金融等方面有效支持。特别要强化政企座谈会等中收集的"问题清单"完成销号情况的督查、抽查工作,倒逼政企服务不走过场、不做虚功。二是推动数字应用集成和政府服务集成。深化数字经济系统建设,加快数字社会、数字政府系统涉企应用功能,让应用场景更实用、更简便。如惠企服务应用整体迁移到"浙里办"平台,实现"一平台通办",更好实现信息政策主动公开、全面公开、一网公开。三是推进数字化改革的减法功

能。真正的数字化改革,应该是减法,而不是加法。如政府下发企业可享受的奖励、补贴等政策,企业不需要填写各种表格、上传各种资料,而是应该通过政府部门设定的多套比对规则来"政策找人",实现无感快兑,从而让政府为企业提供的服务更主动、更高效、更精准。

基层干部心态和心理健康关爱研究

党员身份与基层干部工作认同和工作行为之间的关系

一、引　言

　　基层人民群众是中国共产党的执政之基础，是党发挥先进作用的力量之源泉。而其中，基层干部则是党在基层建设中的中坚力量。在全面推进实现"两个一百年"奋斗目标之际，基层干部的责任感和工作积极性的提高将大力助推我国政府的工作效益和水平的提升。为贯彻党的十九大指出的建设人民满意的服务型政府思想，新时代基层干部的骨干作用不容忽视。基层干部是直接联系人民群众的群体，他们的责任意识和担当作为也影响了其对建设好服务型政府的结果。不论是乡村治理现代化，还是城市公共服务体系，基层干部的"敢担当"和"勇作为"都是一个长期的命题。基层干部是扎根人民的群体，探究他们的责任感和工作积极性具有重大意义。

　　思想建党、理论强党，基层干部的思想直接影响着党的建设面貌和政府的服务水平，要重视基层干部的责任意识和工作积极性的建设。然而，近年来在纵向发包的"压力型体制"与横向竞争的"政绩锦标赛"的双重约束下，基层干部在工作中感受到的压力和矛盾也越来越大。① 如何通过提升基层干部责任感和工作积极性继而转变成更高水平的政务服务，让群众更有获得感，是提升政府与人民关系的重要一步，是国家治理现代化和新时代党的核心能力建设的重点。本研究旨在探讨提升基层干部的心理能量，焕发工作热情，做出更多

---

　　①　周庆智：《让基层干部身心得安，重塑进取心》，《人民论坛》2020 年第 6 期。

服务群众、有益组织的职业行为,从而为实现第二个一百年奋斗目标"建成富强民主文明和谐的社会主义现代化强国"打好基层基础。

二、理论框架与研究假设

基层干部战斗在基层治理的最前沿。作为党的方针、政策的宣讲者和执行者,党是加强同群众联系的直接实践者,基层干部是加强基层工作的重要力量。但面对话语权缺失、资源有限,而工作目标多元、服务对象多元、需求多元的复杂工作环境,以及个体职业发展的一些问题,很多基层干部工作倦怠问题屡见不鲜。以往研究更多针对权责错位[1]、问责机制[2]、容错机制等外在因素[3],探讨改善待遇、完善激励机制[4],对基层干部职业价值观的责任感和工作积极性的内在因素研究不多。

(一)基层干部的职业认同与工作投入

职业认同的理论基础来源于社会认同理论,它既表现为一种稳定状态,即一个人对自身所从事职业的认知、体验与情感,也表现为一个动态过程,即这个人努力形成自身所从事职业的相对连贯和独立的认知过程。[5] 职业认同通常包括职业行为投入、职业发展认同和职业价值认同三个维度,呈现出以价值认同为核心、行为投入为外层、发展认同居中的圈层结构。有关基层公务员的调查指出,该群体职业认同接近较高水平,但职业发展认同较低,低职级人员的职业认同更低。[6]

与职业认同密切相关的另一个概念是工作认同,意味着个体将自身工作

① 齐莹:《基层干部管理应坚持问责与激励并行》,《人民论坛》2019年第5期。
② 王先国:《政策落实中上级"甩锅"的惯用伎俩及应对之方》,《领导科学》2019年第19期。
③ 陈家喜:《地方官员政绩激励的制度分析》,《政治学研究》2018年第3期。
④ 孟耕合:《基层干部担当作为的影响因素及激励路径研究》,《领导科学》2020年第10期。
⑤ 陈文春、陈桂生、张霁星:《新生代公务员的职业认同及其形成机制》,《中国人事科学》2019年第3期。
⑥ 李志、布润、李安然:《基层公务员职业认同特征及其对工作绩效与离职倾向的影响研究》,《重庆大学学报(社会科学版)》2020年第3期。

作为核心自我概念的程度,也意味着个体能从自己的工作行为和相关的物质与精神反馈中获得满足感。工作认同通常描述一个人对工作充满持久且积极的情绪与动机的程度,类似于工作投入概念,表现为活力、奉献和专注三个方面。^① 基层干部的工作认同是其工作热情的体现,更是影响其工作方法和效果的重要因素。

(二)基层干部应对工作任务的策略

基层干部是落实任务的最前沿,解决矛盾的第一线。当来自上下、内外的多重压力超出承受预期,很多人就会选择折中自保的行为方式,即官僚主义和形式主义为典型表现形式的"行为变异"。^②"引导干部担当作为、干事创业",激发广大基层干部担当作为已经成为新时代的一个重大现实问题。^③

国内关于基层干部工作积极性和担当作为的研究不少。有研究认为基层干部的"职业高原""天花板"等职业晋升问题影响了其工作积极性;有研究从心理健康视角,提出疏导工作压力从而激励基层干部的担当作为^④;还有研究指出影响基层干部担当作为的主要因素及成因,除了个体原因例如信念、能力、风险规避心理外,还有行政管理的体制原因和社会文化原因。^⑤ 当然,"不作为"的怠惰工作表现,往往是多种原因导致的。比如,基层干部"沉默寡言"源于政府科层结构与顺从文化、上级权威、人际关系和考核压力,及干部自身沟通技巧和应变能力的缺失。^⑥

有研究基于心理学的自我决定论和角色认同理论发现,干部要有担当作为则需要唤起他们的担当动机。^⑦ 面对突发事件,基层干部一是能够意识到自己是群众带头人、服务者;二是敢于负责、勇于实干,拥有积极想办法、解决问

---

① 李岩:《特殊教育教师职业认同与工作投入的关系研究》,《中国特殊教育》2018年第8期。
② 周少来:《让制度发力为基层干部减负松绑》,《人民论坛》2020年第34期。
③ 刘帮成、陈鼎祥:《何以激发基层干部担当作为:一个战略性人力资源管理分析框架》,《公共行政评论》2019年第6期。
④ 刘崇瑞、徐东华:《基层公务员压力疏导问题研究》,《行政管理改革》2020年第8期。
⑤ 孟耕合:《基层干部担当作为的影响因素及激励路径研究》,《领导科学》2020年第10期。
⑥ 王文杰:《基层干部"沉默寡言"的根源与因应之策》,《领导科学》2020年第3期。
⑦ 郭晟豪:《基层干部的担当作为:基于角色认同中介的动机与行为关系研究》,《公共管理与政策评论》2021年第1期。

题、高质量完成任务的愿望。这都涉及工作认同。因而,本研究提出如下假设。

假设 1:工作认同影响工作任务的应对风格。

假设 1a:基层干部的工作认同越强,其表现保守型应对风格越少。

假设 1b:基层干部的工作认同越强,其表现创新型应对风格越多。

(三)共产党员的觉悟与任务应对风格

党员是有共产主义觉悟的先锋战士,愿意全心全意为人民服务,不惜牺牲个人的一切,为实现共产主义奋斗终身。基层党员干部直接接触人民群众,更直观代表党的形象。这一群体更应该身体力行、率先垂范,以坚强的党性维护好党的形象。坚强的党性,当源于生活实践中其为人处世责任意识的提升,体现于现实利益中对各种名利权位、欲壑荣华的淡泊与超然。[①] 有党性的党员干部,才会真正把人民放在心中最高位置,树立以人民为中心的发展思想和工作导向;有先锋意识的党员干部,才能具有始终走在时代前列、始终走在群众前列的模范意识[②],不断改进工作方法,提升工作效率。因而,本研究提出如下假设。

假设 2:中共党员身份对工作认同与任务应对风格的关系有调节作用。

假设 2a:党员干部中,工作认同越强,其表现保守型应对风格越少。

假设 2b:党员干部中,工作认同越强,其表现创新型应对风格越多。

三、研究方法

(一)样本与抽样

中共绍兴市委党校课题组联合浙江党校系统及相关部门,于 2020 年 12 月至 2021 年 1 月,在参加五中全会轮训的正处及以下基层干部学员中进行了

---

① 胡江霞:《党性修养与党员干部角色意识的完善》,《湖北社会科学》2010 年第 9 期。

② 侯晋雄、袁冬梅:《增强机关党员的党员意识与先锋意识——基于重庆的调查与思考》,《中州学刊》2017 年第 5 期。

工作和生活状况的问卷调查。调查采用分层抽样的方法。由于学员被选入进修班本身就有工作单位和职级比例方面的统筹安排,所以分层主要考虑工作地区因素。研究人员按照城市行政级别,最终确定杭州、绍兴、衢州三个城市的基层干部整群为下一步抽样框。接着,在每个城市参加培训的基层干部群体中,再按照编制在行政编、事业编、参公编和编外四类岗位中各抽取50.00%的样本,对编外岗的抽取比例稍高,以保证此类人员占总样本的比例不少于5.00%。

调查分线上和线下两种方式进行,共收回有效样本1643份。综合考虑研究目的和样本特点,本研究具体统计中去除"副处级以上"和年龄大于60岁的被试,最后剩余样本1619份。调查人数中男性912人,占56.33%,女性707人,占43.67%。被调查者的年龄在22~60岁之间,平均年龄36±8岁。从工作单位看,省级部门占0.61%,市级部门占12.66%,县级部门占21.67%,乡镇(街道)占57.40%,村(社区)占5.96%,其他占1.70%。从岗位编制看,行政编制占45.83%,参公编制占10.10%,事业编制占29.70%,工勤编制占1.22%,编外人员占6.94%,村(社区)干部占4.26%,其他占1.95%。样本中有69.50%的被调查者是中共党员。

(二)测量工具

1. 工作认同

自编问卷,采用李克特量表7点计分形式,选项从1到7表示与自己相符水平逐渐增高,1代表非常不符合,7代表非常符合,分值越高表示对工作认同越强。问卷共八题,其中体现工作投入维度的题目如"工作会达到忘我境界""早上一起床,就想去工作";体现工作意义维度的题目如"我的工作可以让许多人得到帮助""我希望通过自己的工作得到群众的尊重"。Cronbach's α值为0.866,问卷信度良好。

2. 应对风格

自编问卷,询问被调查者在日常工作中的惯常行为风格和处事策略。共八个题目,包括"只做分内事""大事化小、息事宁人""我勇于突破常规,尝试新方法"等。采用李克特量表7点计分形式,选项从1到7表示与自己相符水平逐渐增高,1代表非常不符合,7代表非常符合。Cronbach's α值为0.798,问卷信度良好。

四、研究结果

(一)基层干部的工作认同

如表 29 所示,基层干部工作非常投入并乐享其中。被调查者在"工作激发了我的灵感"项目上的平均分为 3.92,在"早上一起床就想去工作"项目上的平均分为 3.96,在"当工作紧张的时候,我会感到快乐"项目上的平均分是 3.36,在"我在工作时会达到忘我的境界"项目上的平均分是 4.07,在"工作投入"项目上的平均分达到 3.96,有 30.12% 的人经常早上一起床就想去工作,28.91% 的人工作时经常达到忘我境界。而人们投入工作,最主要是因为认识到了工作的价值,认为工作激发了灵感并且带来了快乐。

表 29　基层干部的工作投入状况

工作投入状况	从来没有	几乎没有	很少	有时	经常	十分频繁	总是
工作激发了我的灵感	2.25%	5.54%	18.87%	54.11%	13.21%	2.61%	3.41%
早上一起床,我就想要去工作	4.87%	8.41%	19.66%	36.94%	19.96%	3.77%	6.39%
当工作紧张的时候,我会感到快乐	9.92%	13.76%	27.88%	34.51%	9.37%	1.64%	2.92%
我在工作时会达到忘我的境界	3.59%	4.93%	15.70%	46.87%	19.42%	4.38%	5.11%
工作投入	1.22%	4.98%	21.30%	49.91%	16.74%	3.23%	2.62%

从表 30 中可以看到,被调查者对自己的工作意义评价很高,平均分达到 4.88;38.64% 的被调查者经常感到自己的工作对国家和社会发展有重要的意义,该项目的平均分为 4.38;46.57% 的被调查者经常感到自己的工作能帮助到很多人,该项目的平均分是 4.54;超七成的干部认为基层干部经常在基层治理中发挥着不可替代的作用,该项目的平均分为 5.30;而被调查者希望通过自己的工作赢得群众尊重的平均分达到 4.93。

表 30　基层干部的工作意义认知状况

工作意义认知状况	从来没有	几乎没有	很少	有时	经常	十分频繁	总是
我的工作对国家和社会的发展有特别重要的意义	1.89%	3.41%	13.57%	42.48%	23.25%	5.23%	10.16%
我的工作可以让很多人得到帮助	1.52%	2.50%	10.29%	39.14%	29.34%	6.76%	10.47%
我希望通过自己的努力赢得群众的尊重	1.03%	1.58%	5.36%	30.55%	35.54%	8.64%	17.29%
基层干部在社会治理中发挥着不可替代的作用	1.10%	1.10%	3.65%	23.80%	29.46%	12.54%	28.36%
工作意义	0.67%	0.91%	4.26%	33.54%	35.06%	15.59%	9.62%

工作认同的年龄差异明显,随着年龄的增长,对工作的认同也逐渐增强。单从总平均分来看,50 岁以上年龄组的工作认同最高($M=4.65$),40~50 岁年龄组其次($M=4.48$),30~40 岁年龄组再次($M=4.27$),30 岁以下年龄组最低($M=4.18$)。并且 50 岁以上和 40~50 岁两个年龄组与其他两个年龄组的分数差距都是显著的($p<0.01$)。

党员干部的工作认同显著高于非党员干部($p<0.01$)。党员干部更"希望通过自己的努力赢得群众的尊重"($M_{党员}=5, M_{非党员}=4.75, p<0.01$),更深刻认识到"基层干部在社会治理中发挥着不可替代的作用"($M_{党员}=5.42, M_{非党员}=5.03, p<0.01$)。同时在行为上,党员干部经常工作到忘我境界的比例(30.80%)也更高。

在不同编制的干部群体中,党员的工作投入程度更高。在行政编、参公编、事业编和编外四类岗位群体中,党员的工作认同都高于非党员。综合来看,编外党员($M=4.49$)的工作认同是最高的,其次为行政编党员($M=4.39$),二者均显著高于参公编的非党员($M=4.14, p<0.01$)。分题项来看,党员的突出表现主要源自他们对于工作意义和价值的深刻体悟。在"我的工作可以让很多人得到帮助"的认识上,编外党员的分数最高($M=4.90$),且显著高于事业编党员($p<0.01$)和参公编所有人员($p<0.05$)。行政编党员和编外党员"希望通过自己的努力赢得群众的尊重"的分数也最高($M=5.09$)。

(二)基层干部的任务应对风格

为保证应对风格调查的有效性,研究对这部分问卷进行了效度检测,并通过因子分析,检测和解释问卷构建的维度。

1. 任务应对风格的总体特征

KMO 是 Kaiser-Meyer-Olkin 的取样适当性量数,KMO 值越大,则变量间的共同因素越多,越适合采用因子分析。对八个项目进行 KMO 和 Bartlett 球形检验,得到 KMO 值为 0.722,大于 0.5,Bartlett 球形检验 χ^2 值为 5679.4(df=28,$p<0.01$)。这说明剩余项目适合进一步因子分析。

采用特征值大于 1 的主成分分析法对八道题目实行降维,提取出两个因子,此时二因子解释的总方差比例达到 63.6%。对每个因素所包含的项目进行分析概括,同时结合预测问卷结构的具体情况,对两个因素进行如下命名:第一个因素 F1,包含六个题项,侧重描述个体严格遵守工作内容规范、不逾矩的特点,虽显刻板保守但也尽职尽责,因此可以将这个因素命名为"保守谨慎"。第二个因素 F2,包含两个题项,侧重描述勇于创新、不断突破原有工作方法和工作内容的打拼精神,因此可以将这个因素命名为"创新担责"(见表 31)。

表 31 工作应对风格主成分分析矩阵

项目	成分	
	因子 1 (保守谨慎)	因子 2 (创新担责)
T1. 处理工作纠纷时,一般采取"大事化小,息事宁人"的做法	0.786	
T2. 工作的重心是"维稳"和"不捅娄子"	0.777	
T3. 处理工作时,只做分内的事,不管分外的事	0.771	
T4. 在日常工作中,疲于应对各种检查考评工作	0.708	
T5. 工作中形式主义严重,加重了工作负担	0.687	
T8. 基层干部在现实工作中难以做到"说实话、办实事"	0.672	
T6. 处理工作时,能主动承担责任,有一定的自主权		0.911
T7. 处理工作时,勇于突破常规,尝试新的方法		0.905
解释变异量	40.759%	22.832%

浙江干部敢于创新、勇于担责,但"稳字当头","形式主义"仍是亟须搬离的绊脚石。调查显示,人们在保守谨慎维度平均得分4.44,在创新担责维度平均得分4.86。调查中,53.87%的浙江干部工作中敢于突破常规,超九成的干部能主动承担责任,91.90%的被调查者认为自己工作时能"勇于突破常规,尝试新的方法"。尤其是碰到突发事件,绝大部分干部第一时间主动思考对策,同时汇报上级,请求指导与支援。但也有将近八成的被调查者赞同采取"大事化小,息事宁人"的做法处理工作纠纷,76.90%的人表示自己工作的重心是"维稳"和"不捅篓子"。干部们都不认同得过且过的处世态度。另外,感到日常工作疲于应对各种检查考评的被调查者占到86.80%,认为工作中严重的形式主义加重了工作负担的占了85.60%。这种形式主义加重了工作负担,损坏了形象,这跟官僚主义作风、一味迎合领导、部门刷存在感关联很大。

2. 任务应对风格的群际差异

基层干部在上述两个维度上的表现存在性别、年龄、政治面貌和编制岗位层面的差异。

首先,男性干部的保守谨慎倾向($M=4.49$)比女性干部($M=43.0$)更强($p<0.01$);但在创新担责倾向上没有显著差异。

其次,40~50岁和30~40岁两个年龄组的保守谨慎倾向($M_{40\sim50岁}=4.46,M_{30\sim40岁}=4.44$)相近,且不仅都高于30岁以下年龄组,还都高于50以上年龄组。这种群际差异模式也同样表现在创新担责倾向上。40~50岁年龄组的创新担责倾向总分和该维度包含的两个题项分数,都显著高于30岁以下年龄组($p<0.01$)。这说明该群体在处理日常工作任务时,既不缺经验训导而出的老成持重,也不乏理想引导而成的创新拼搏。

最后,党员的保守谨慎($M=4.42$)和创新担责($M=4.92$)得分也都显著高于非党员($p<0.01$)。具体题目中的差异更明显,党员感觉"日常工作疲于应付各种检查考评"($M_{党员}=4.94;M_{非党员}=4.72$)和"工作中形式主义严重,影响工作效率"($M=4.94;M_{非党员}=4.76$)的程度显著高于非党员($p<0.01$),但处理工作"只做分内的事,不管分外的事"的情况,在非党员群体($M=3.71$)的认可度显著高于党员群体($M=3.48,p<0.01$)。

党员群体的表率作用在编制外群体身上体现得尤为明显。具体来说,编制外身份的党员创新担责精神最强($M=5.24$),且显著高于行政编与参公编的非党员($p<0.01$)和行政编与事业编的党员($p<0.05$)。其"勇于突破常规,尝试新的方法"的表现更是显著高于除编制外非党员的所有群体($p<0.05$)。参公编非党员的保守谨慎倾向最强,参公编党员次之,但不同群体间的差异不显著。各群组间在保守谨慎应对风格方面的差异主要集中在是否"只做分内事"上。编制外党员的工作行事风格与此信条差距最远,且显著异于行政编非党员和参公编所有人($p<0.01$)。行政编党员和行政编非党员在此题项上的差异也达到显著水平($p<0.01$)。

(三)基层干部工作认同与任务应对风格的关系

工作认同是对工作态度的重要体现,必然直接影响基层干部面对具体工作任务的应对策略。为了解具体的作用力效果,分别做两种应对风格对工作认同的回归(见表32)。在保守谨慎取向的结果中,模型1首先考察了性别、年龄、政治面貌(在此仅为是否党员)以及岗位编制类型和是否党员身份的交叉分类项作为控制变量的作用。结果发现,男性的保守谨慎倾向更强。模型2加入了工作认同变量。结果发现,工作认同越强的基层干部,保守谨慎倾向越弱。假设1a得到验证。

表 32　任务应对风格对工作认同的回归模型

变量		保守谨慎						创新担责					
		模型 1			模型 2			模型 1			模型 2		
		β	SE	VIF	β	SE	VIF	β	SE	VIF	β	SE	VIF
控制变量	常数	4.746**	0.140		5.183**	0.194		4.885**	0.144		2.438**	0.181	
	性别	−0.174**	0.051	1.024	−0.184**	0.051	1.028	0.046	0.053	1.024	0.105*	0.048	1.028
	年龄	−0.024	0.029	1.117	−0.036	0.029	1.136	−0.100**	0.030	1.117	−0.034	0.027	1.136
	是否为党员	0.008	0.059	1.145	0.014	0.058	1.146	0.156**	0.060	1.145	0.119*	0.054	1.146
	编制+党员	−0.001	0.002	1.057	−0.001	0.002	1.057	0.005*	0.002	1.057	0.005*	0.002	1.057
解释变量	工作认同				−0.091**	0.028	1.029				0.507**	0.026	1.029
F		3.443			4.872			7.202			83.282		
R^2		0.008			0.015			0.018			0.205		
调整后 R^2		0.006			0.012			0.015			0.203		

注:**,*** 分别表示 $p<0.01$, $p<0.005$。

在创新担责取向的结果中,同样在四个基本人口学特征的基础上加入工作认同变量。模型1首先考察了性别、年龄、政治面貌(在此仅为是否为党员)以及岗位编制类型和是否党员身份的交叉分类项作为控制变量的作用。结果发现,干部的年纪越大,创新担责的应对风格表现越明显;相比非党员,党员的创新担责倾向也更强。模型2加入了工作认同变量。结果发现,工作认同越强的基层干部,创新担责倾向也越明显。假设1b得到验证。

(四)党员身份对基层干部工作认同与应对风格关系的调节作用

工作认同带来的参与热情与实施激情,是人们应对工作任务、决定行为反应方式的重要动力。本研究引入党员身份变量,考察工作认同与任务应对风格之间的关系是否在中共党员群体中呈现与非党员不同的表征(见表33)。为了更清晰简洁地呈现党员身份的调节作用,我们将其进行二分变量处理,只区分是否为中共党员,加入模型,进而运用分层回归分析对其调节作用进行检验。统计分析的步骤是,先将工作认同和是否为中共党员纳入回归模型,分别看二者对保守谨慎和创新担责取向应对风格的影响;再将二者的交互项引入回归模型,通过其回归系数的显著性来判断调节效应是否显著。全样本分析时,上述关系没有得到数据支持。但当依据岗位编制类型分行政编、事业编、参公编和编制外四个子样本分别进行上述统计检验时,前两类群体中党员身份的调节作用显现出来。

表33　党员身份对工作认同与任务应对风格关系的调节效应检验

步骤	变量	行政编内的保守谨慎				事业编内的创新担责			
		β	t	ΔR^2	ΔF	β	t	ΔR^2	ΔF
第一步	工作认同	0.001	0.664	-0.042	-0.999	0.002	1.128	0.467^{**}	9.934
	是否为中共党员			0.079	0.815			0.097	1.062
第二步	工作认同×是否为中共党员	0.011	7.809	-0.278^{**}	-2.794	0.008	4.967	0.212^{*}	2.229

注:*、**分别表示$p<0.05,p<0.01$。

结果显示,在事业编群体内,创新担责取向的模型中,交互项的标准化回归系数显著。也就是说,对于事业编基层干部,党员身份在工作认同和创新担责型任务应对风格之间起着显著的调节作用。假设 2b 得到部分验证。

在行政编群体内,保守谨慎型风格对工作认同的回归在第一步分析中并不显著。虽然在第二步回归模型中,工作认同和交互项"工作认同×是否为中共党员"的标准化回归系数都显著。而且从图 15a 可清晰看出,行政编基层干部群体中,高工作认同的非党员会表现出更强的保守谨慎型的应对风格,而党员的工作认同高,其保守谨慎型应对风格反而会低。但目前的结果暂时不能说明党员身份在工作认同和保守谨慎型任务应对风格之间有调节作用。假设 2a 没有得到验证。

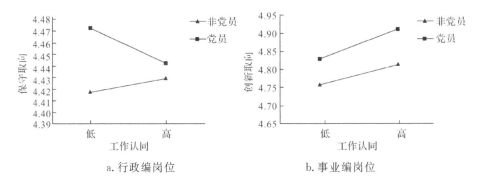

a.行政编岗位　　　　　　b.事业编岗位

图 15　党员身份对工作认同与任务应对风格关系的调节效应

从图 15b 中可看出,在事业编基层干部群体中,无论党员还是非党员,高工作认同都会促发更强的创新担责型应对风格,但这种影响在党员中体现更明显。

五、讨　论

在社会转型、疫情常态化的背景下,身处长效治理和危机处置最前沿的基层干部在应对危机和处理日常事务方面的表现,直接决定着基层治理的品质。提升基层干部的工作认同、引导他们积极投入实际工作,是高质量推进基层经济社会发展的重要基础,对提升我国基层政府服务能力、业绩水平有重大意义。本研究正是基于这种考虑,尝试从工作认同角度,探讨其与基层干部工作风格和使命担当的关系。

(一)工作认同与风格的年龄效应

调查中,基层干部普遍表现出较高的工作认同。"老干部"表现尤为突出,即年龄在 50 岁以上的 60 后干部和 40～50 岁的 70 后干部,对工作的热情和认可更高,突发事件情境中的职责意识和工作主动性也更强。40～50 岁的 70 后干部和 30～40 岁的 80 后干部在保守谨慎和创新担责两种应对风格表现上,都显著高于 30 岁以下和 50 岁以上两个年龄组。之前有研究发现,90 后基层干部在抗疫行动中表现出勇于担当、积极作为的形象,彰显了政治方向明确、富有责任担当的职业精神。① 该研究还评价他们通过参与各项抗疫工作,正在重塑新时代青年基层干部形象,改变了社会对他们的"标签式"群体印象。但从本研究的发现来看,在爱岗敬业的思想认识和为民奉献的情怀上,年轻干部显然还需要时间的淬炼。

(二)党员的觉悟与追求

工作认同是一个人感觉自己的工作非常有意义,愿意为工作付出努力,且希望积极参与工作任务的态度。一个人若能从工作中获得价值、自信、尊严,就会认为自己的工作非常有意义,进而更加认同自己的工作。本次调查中,党员的工作认同和应对工作任务的风格表现始终非常突出。这一点在"编制外党员"身上体现得尤为明显。他们的报酬虽不如参公编制或者事业编制的人多,待遇不如其他岗位类型好,但身为党员,他们依旧冲锋在前,一心为公、为民,敢于担当。"编制外党员"群体无论是工作认同,还是工作应对风格,都堪称楷模,不愧是党员的先锋模范。

忠心向党,方可坚守初心。近百年来,中国共产党带领全国各族人民取得了一个又一个的巨大胜利,书写了一个又一个的灿烂篇章。究其原因,最重要的是在党始终坚守"全心全意为人民服务"宗旨的指引下,绝大多数党员干部能始终与组织同心同德、同向而行。党员干部投入工作的积极性很大程度上来源于他们对自己工作意义的深刻理解。党员干部通常能从"为共产主义事业而奋斗"这样更崇高的层面认识到自己工作的意义。在我们的调查补充访

---

① 张登国:《抗疫行动与 90 后基层干部的职业精神和能力成长》,《中国青年研究》2020 年第 5 期。

谈中,就有干部提道:"乡镇基层是一个具有价值体现的舞台和平台,希望自己尽可能为一个地方多做事情,做好事情。……平时工作压力虽然大,但可以去努力实现,按照自己想法去实现工作小目标,就非常有成就感,特别是工作做得比较完美的时候。"

(三)认同的规矩与助推

本研究将应对工作任务的行为取向分为保守谨慎和创新担责两种风格。严格来讲,二者并无绝对优劣。办事认真,一丝不苟;讲究效率,雷厉风行;谦虚谨慎,忠于职守;等等。这些好的工作作风都离不开兢兢业业、严谨尽责的精神。即便是接受各种检查、做分内事、维稳、大事化小,有时候也是干部做好本分的一种体现。但若把尽责变成推脱责任,甚或逃避责任,不但会产生极高的治理成本,也会严重危害党的执政根基。

开拓创新是改进工作效果、提升工作水平的重要途径。突破传统观念束缚的思路创新和吸收借鉴先进经验基础上的方法创新,都是适应社会发展步伐,形成更高标准、做出更多成绩的重要途径。但不考虑当地发展特点而一味求新求变很容易造成过犹不及的效果。对于个人而言,创新可能违反(不符合)已有规定,违背上级政府意志或侵犯到上级政府权威;对于组织而言,创新可能侵占同级部门既得利益或损伤其竞争优势,还可能冲击或破坏其他人员的"安逸"和均衡状态,而引发组织内矛盾。

所以,无论保守谨慎抑或创新担责,都需要有"度"和"时机"的考量。当国家发展和官员绩效考核的重心从单纯强调经济建设指标,转向强调重视基层民主、公共服务、社会建设等社会性指标后,地方政府的创新频率随之增加。[①]然而,创新的本质特征是不确定性。在工作中大胆开拓新的工作方法固然会增加获得行政绩效的可能,却也伴随风险。本研究的数据结果表明,基层干部的工作认同越强,越倾向勇敢创新地应对工作任务,越少表现出保守型应对风格。这可能是因为认同自己工作的基层干部往往具有或习得较强的"公共服

---

① 何艳玲、李妮:《为创新而竞争:一种新的地方政府竞争机制》,《武汉大学学报》2017 年第 1 期。

务动机"①,他们对创新的公共价值与意义有更深刻的理解,公共服务动机中的自我牺牲精神也将扭转其风险规避偏好,从而鼓舞其创新思考及创新参与,最终促进基层干部以创新回应公共服务需求、创造公共价值②。

(四)"编制"的激励与约束

编制是行政单位和事业单位特有的制度。基层干部的岗位管理要遵循国务院的编制管理条例。因而在基层,一部分干部有编制,而另一部分或许没有。有编制的类型也有少许差异。对于有编人员,工作前景较稳定,他们在工作初期会表现出很高的积极性,并在一定时间内获得一定的职称,但也容易安于现状,缺乏进取心。无编人员的薪酬和福利待遇都跟有编人员有很大差距,为了能够尽早成为有编人员,其工作往往表现出很高的积极性,但是长久没有晋升或获得领导认可,也容易不耐工作回报的强烈反差打击,而失去积极性。

因而,编制身份究竟能发挥激发工作热情的作用还是造成约束工作投入的效果,不能忽视职业价值观与工作认同的影响。本研究中,编制外党员干部的工作态度和应对工作任务的风格,比所有其他编制类型的基层干部及编制外非党员干部都更积极;事业编群体内,工作认同对党员干部创新型任务应对方式的激励作用尤为明显。表浅来看,这彰显了党员干部的先进性。深入去想,这说明基层干部的工作行为需要有先进的理念引领,需要有坚定的信念支撑。因而,在对基层干部的管理工作中,增强工作认同、塑造职业价值观的举措势在必行。

六、研究不足与展望

本研究通过自编问卷测量了工作认同与工作应对风格两个维度的变量,使用线上和线下相结合的方式,收集并筛选数据后完成了对 1619 份样本的数据分析,深入探讨了党员身份与基层干部工作认同和应对工作任务风格之间

---

①　Miao Q,Newman A,Schwarz G,et al. How leadership and public service motivation enhance innovative behavior. Public Administration Review,2018,78(1),pp. 71-81.

②　谭新雨:《公务员创新行为:文献述评与研究展望》,《公共行政评论》2021 年第 2 期。

的关系。事实上,工作性质是决定基层干部工作行为风格的重要因素。在不同性质的工作任务中,党员身份可能与其工作方式及其绩效之间有更复杂的关系。比如面对抗击新冠肺炎疫情、防灾等政治性或紧迫性事务,促动党员冲锋在前的主动与被动力量可能更强。本次调查中没有设置与工作任务、工作性质直接相关的题目,但问卷中强调询问的是日常工作状态,因而可能在一定程度上减弱紧急任务等特殊情况的影响。未来研究可以设置情境类问题细致探讨基层干部面对不同性质工作任务时的应对策略。

心理能量能够焕发工作热情,基层党员干部们的工作行为在很大程度上受到内心价值追求的驱动。未来要想让基层干部们提升工作满意度,使党员干部持久保持为社会主义建设服务的初心与动力,并且让非党员干部也能在此精神的感染下充满活力,则需要巧妙化解社会期望、价值目标与现实中的利益冲突等,从而激发内在驱动[1]。除了继续聚焦目标信念,注意运用精神满足层面的激励手段,更迫切的任务是增强挫折压力承受力。因为反观"编外党员"的优异表现,内心理想与信念追求固然重要,但具体工作任务中更不可缺的是无惧困难、奋进拼搏的勇气和斗志。另外,赋予基层政府更多的权能,巩固基层组织的自治力量,也是基层治理现代化必不可少的制度保证。

---

① 胡月星:《提升基层干部工作满意度的几个关键因素》,《人民论坛》2020 年第 31 期。

乡镇干部压力感知与应对现状及特点研究

乡镇干部不管在长效治理还是突发事件的危机处置中都肩负着重要的使命,常态下他们是全面深化改革、完成三大攻坚任务的先遣队和排头兵,突发事件中又是组织群众、服务百姓应对危机的冲锋队和顶梁柱。这也导致现实生活中乡镇基层干部的工作压力越来越大。脱贫攻坚、环境保护、安全生产、信访稳定等都把责任压实在乡镇政府,并且基层公务员的绩效工资常常与这些考核指标直接挂钩。在乡镇公务员群体当中,周末不休制度逐渐常态化,工作压力大、工作时间长、休息休假制度得不到落实以及常年基层工作带来的复杂人际关系等因素,都成为乡镇干部的压力来源。乡镇公务员工作环境特殊,大多生活在交通不便、经济水平相对落后的乡镇。面对工作压力,基层组织无法提供强有力的心理辅导机制,个人也缺乏释放的渠道。由工作、生活等带来的压力逐渐影响到了乡镇公务员的身心健康状况。在已有的调查当中,样本中有 70％的基层干部面临着工作、生活和社会压力超负荷,其中一部分处于"心理亚健康"状态,甚至已存在明显的心理疾病。并且焦虑、抑郁、躯体化等消极指标所占比例都达到了采集样本的 25％以上。[1] 过重的工作压力,不仅影响到本群体的身心健康,也直接关系到危机事件的有效处置和社会的长治久安。

针对这一现象,党的十九大以来,政府在报告中明确提出"坚持严管和厚爱结合""建立激励机制和容错纠错机制""要关心关爱基层干部,主动为他们

---

① 姚芝:《乡镇公务员心理压力及应对策略探析》,《学习论坛》2015 年第 12 期。

排忧解难"这些要求。2018 年 5 月,中共中央办公厅印发的《关于进一步激励广大干部新时代新担当新作为的意见》中指出要满怀热情关心关爱干部。《关于关心关爱县乡基层干部的若干意见》《关于落实全面从严治党要求 加强新形势下干部队伍建设的决定》等省市文件也相应出台。在响应中央政策和从实际情况出发的背景下,本次研究以认知交互理论为支撑,通过设计自编问卷量表,对乡镇干部的工作压力来源、主要压力应对方式及压力感知这三方面进行了问卷调查,希望通过此次研究能够厘清乡镇干部的压力现状并给出有效的政策建议,为构建乡镇干部心理健康与心理建设机制提供参考依据[①]。

一、文献综述

(一)基层公务员的工作压力

基层公务员在日常工作生活中的言行直接代表着党和政府在人民群众当中的威望与形象,保持良好的心理健康水平是树立良好形象的必要条件。已有大量的研究证明工作压力是影响基层公务员心理健康水平的重要因素之一。

工作任务重是当前领导干部最主要的压力源,具体包括工作物理负荷强度、工作时间长度、工作质量要求、工作自由度、人际关系的复杂程度等方面。[②]首先,在工作责任方面。随着政府职能改革的不断深入,建设服务型政府对基层公务员的工作要求越来越高,他们的工作责任也越来越大。在针对宁夏领导干部的压力调查中,数据显示有 76.5% 的领导干部认为工作责任很大并且带来很大压力;70.3% 的领导干部感觉工作时间紧迫;41.0% 的领导干部经常加班。[③] 其次,工作任务过重也是使得基层公务员压力增大的因素之一,位于

---

① 高岩、吴耀武:《高校辅导员工作压力分析及其调适——基于陕西省高校样本的实证研究》,《湖北社会科学》2015 年第 8 期。

② 徐文锦:《领导干部心理压力的生成逻辑探析》,《领导科学》2018 年第 9 期。

③ 徐如明:《宁夏领导干部压力调查》,《中国党政干部论坛》2016 年第 3 期。

行政系统末梢的乡镇政府,需要将各项政策落实。① 基层公务员作为连接人民群众与基层政府的桥梁,身处基层建设的第一线。在人民群众心中他们是干部,在上级领导面前,他们只是普通的工作人员。在群众与上级当中不断往返,使得基层公务员耗费了大量精力。最后,来自体制内的压力也增大了基层公务员的心理负担。随着精准扶贫政策的不断推进、生态文明建设的不断实施,基层公务员需要面对不定时的工作检查,很多无法避免的非人为工作差错也需要基层公务员自己担责,接受处分②。在已有的研究当中,乡镇公务员的心理健康状况形势都不容乐观,现状堪忧。针对乡镇公务员的心理健康问卷结果显示,乡镇公务员消极指标总分和总平均分都比全国常模得分高出几个百分点,说明乡镇干部比全国成人常模的心理健康水平要低。③ 对南京的 327 名干部的有关问卷调查结果显示,领导干部心理状态在情绪、行为方式和身体健康等方面反映出压力型特征,且虽然身体状况和心理素质总体较好,但存在着不同程度的体力透支和心力透支状况。④ 因此,在当前形势下构建基层公务员心理健康建设的综合机制、优化干部心态也是基层工作的重点。

在传统组织行为学当中,应激(压力)被视为组织的隐患,应激管理的模型也常常采取打压消除的策略。在心理学领域,应激包含了紧张与压力的双重含义,并同时涉及身心,即心理与生理的紧张状态。⑤ 已有针对应激的研究通常分为两个部分:应激源与应激反应。应激源指的是产生应激的情景。应激反应则是指由应激源所产生的个体的反应。这种个体反应过程又可以从两个维度来进行解释:一是不同的应激源分别带来的应激反应会具有差异和共性,二是相同的应激源在个体层面上的表现不尽相同。⑥ 在基层公务员群体当中,相似的工作环境和工作背景中存在的应激源高度重叠,这就要求在考察应激

---

① 胡月星、袁书杰:《基层领导干部的压力状况与应对策略》,《中国党政干部论坛》2017 年第 6 期。

② 周卓华、项聪、罗瑜:《公务员工作压力调查及管理研究》,《领导科学》2015 年第 14 期。

③ 姚芝:《乡镇公务员心理压力及应对策略探析》,《学习论坛》2015 年第 12 期。

④ 万书玉:《当前党政领导干部心理状况分析与思考——基于 327 名局处级干部的抽样调查》,《中共南京市委党校学报》2016 年第 4 期。

⑤ 张淑敏:《积极组织行为学视角下的双重应激管理模式》,《心理科学进展》2012 年第 12 期。

⑥ 李宗波、李锐:《挑战性—阻碍性压力源研究述评》,《外国经济与管理》2013 年第 5 期。

源时需要找出所对应的应激反应的差异和共性,同时高度注意基层公务员所体现出来的个体差异。整体应激模型认为,环境中的人为因素都有可能诱发应激反应,在人格特质的影响下,应激可带来积极的和消极的影响,因此在同一个应激理论模型当中,应当同时考量积极和消极的应激指标,从两个方面进行应激管理。在基层公务员的工作生活中,也应当去考察存在的积极应激指标和消极应激指标,缓解和解除消极应激指标,发扬积极的应激指标。

(二)认知交互理论

在传统的压力研究当中,针对压力的解释主要有三个取向:第一,应激取向认为压力是能够引起个体产生紧张反应的外部刺激,即生活情境或特殊事件对个人造成了威胁或紧张时,个体就处于压力状态;第二,资源储存取向则认为我们每个人都拥有一定量可供调配的资源,当个体所拥有的资源与想要达成的目标之间出现冲突时,即资源不足以支撑目标的达成或者资源消失时,个体便会处于压力的状态当中;第三,认知交互理论则认为压力的产生来自个体与环境的交互,主张压力是个体面对刺激时,经过主观评估之后所产生的反应,是个体与环境之间交互的结果。[①] 在 1984 年拉扎勒斯(Lazarus)等人提出压力的认知交互模型之后,这一理论成为心理学领域解释压力源、压力应对方式及压力感知的主流。

拉扎勒斯先于 1976 年提出压力应对的动态过程,他认为压力包括两个过程,即认知评估(cognitive appraisal)与应对(coping),这两个过程是个人与环境间压力关系的重要缓冲媒介,会影响到压力的即时效果和长期效果。之后拉扎勒斯与福尔克曼(Folkman)在之前的理论基础上提出了压力应对的认知交互理论。[②] 他们认为压力是具有主观能动性的个人与环境不断协调、交互作用的结果,是个人对环境和个体资源进行认知评价所产生的感受。个人应对压力的方式可以划分为五个步骤:一是可能发生的压力事件,包括会对个体产生影响的所有事件。二是初级评价,即个体对自我的考量。三是次级评价,个

---

① 田澜、向领:《大学生学业压力研究综述》,《江苏高教》2010 年第 4 期。

② Lazarus R S, Folkman S. Stress, Appraisal,and Coping. New York: Springer, 1984.

人评价面对压力时所拥有的应对资源及可采取的应对策略。四是应对策略的使用,即采用何种应对方式面对当前情景。五是压力应对的结果,压力应对可能会产生增进个体健康或相反的效果。

其中,初级评价与次级评价是认知评价过程的两个主要步骤。

1. 初级评价(primary appraisal)

初级评级是指对压力事件进行直接评估,判断其是否会对自身构成威胁或者带来不好的后果。初级评价是由外向内的,即判断外界的压力事件指向自身时会带来怎样的后果,该评价会形成三个判断:无关的、积极的、消极的。

2. 次级评价(secondary appraisal)

次级评价是建立在初级评价基础上的判断过程,是指个体在对压力事件做出初级评价后,继续评估自身是否能够应对以及怎么应对压力事件的过程。拉扎勒斯和福尔克曼提出次级评价后四种可能的应对选择是:寻求讯息、接纳、直接行动和抑制行动。

在拉扎勒斯和福尔克曼所提出的压力的认知交互理论中,压力过程受到个体与环境的相互影响,这种关系是动态的,会随着时间及工作任务的变化而变化。压力的应对方式是个体与环境互动的结果,个体与环境都会影响最终压力应对方式的选择及最后的结果。压力应对的过程如图16所示。

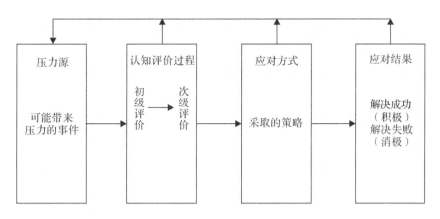

图16　压力应对过程

在压力应对的过程中,可以根据应对方式的不同将其分为积极的应对方式和消极的应对方式。积极的应对方式主要有寻求家庭或社会支持、进行娱乐休闲、锻炼等，消极的应对方式则有逃避问题、自我麻痹等。

综上所述，本研究认为压力应对是指个体经由对压力进行认知评价后运用各种方式去解决压力的过程，这一过程包括个体的内心的建设和实践行动。个体所面临的压力事件，也即压力源是生活中可能对其生活带来负担的所有事件，个体对压力事件进行认知评价的过程也是内外环境交互影响的过程。经过初级评价和次级评价后，个体会决定采用什么样的方式以及运用哪些资源去解决压力，这一应对过程也是个体与环境交互影响的过程，所以压力应对的过程是动态关联的。压力事件的评估、应对方式的选择都会对最终的应对结果造成影响。

二、研究设计

（一）调查数据

调查问卷为自编"干部心理健康调查问卷"，共 28 个项目，其中包含一个量表。主要调查维度有三：一是乡镇干部对当前各种压力源的感知和适应状况，压力源的类型主要分为工作领域、工作时长、工作内容、组织待遇；二是乡镇干部对工作压力的感知及评价；三是乡镇干部经常采取的压力应对方式，将压力应对方式分为自我应对、运用社会支持应对、不应对三类。调查地 S 市位于长三角经济发达地区。采取整群抽样的方式，以 S 市辖区内乡镇干部为调查对象，匿名完成问卷。

问卷数据统计分析采用 SPSS 软件进行，主要对问卷进行量化处理，进行集中趋势分析与比较，对变量进行相关分析，分析影响因素及相关因素。此次参与调查共 627 人，取得有效问卷 604 份，有效率为 96.33%。调查对象的基本信息详见表 34。

表 34　样本基本情况（N＝604）

变量		人数	占比/%
性别	男	365	60.4
	女	239	39.6
年龄	30 岁以下	97	16.1
	30～40 岁	221	36.5
	41～50 岁	151	25.0
	50 岁以上	135	22.4
受教育程度	研究生	19	3.1
	大学	461	76.4
	大专	108	17.9
	中专及以下	16	2.6
政治面貌	中共党员	515	85.2
	共青团员	34	5.7
	民主党派	4	0.6
	群众	51	8.5
身份	公务员	327	54.2
	事业干部	277	45.8
职务层次	正科领导	20	3.3
	正科非领导	53	8.7
	副科领导	90	15.0
	副科非领导	46	7.6
	乡镇干部	176	29.1
	科员	219	36.3

（二）研究变量

本次研究以压力的认知交互理论为背景，对乡镇干部的压力感现状进行调查，研究的主要思路如图 17 所示。主要着眼于压力源、压力应对方式及压力感知三个变量，其中压力源和压力应对方式为自变量，压力感知为因变量，同时考察压力应对在整个过程中是否存在中介作用。首先,对乡镇干部的总体压力进行调查,明确当前乡镇干部的总体压力感知情况,进行简单的整体性描述。其次,分析乡镇干部工作中不同压力源对于乡镇干部的压力感知水平带来的影响,找出显著影响乡镇干部压力感知水平的因素。最后,分析乡镇干部个体层面上的压力应对方式以及不同压力应对方式对于乡镇干部的压力感知和幸福感的影响。

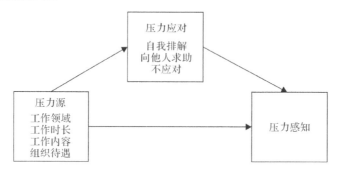

图 17　研究思路

工作压力源是指在工作当中会对个体造成不利影响的因素,对工作压力源进行分析和合理的调控有利于组织建设和管理。工作压力源包括工作本身的因素,例如组织角色以及由工作带来的人际关系等。[①] 本次调查当中所涉及的压力源主要有四类:工作领域、工作时长、工作内容、组织待遇。并通过多选题的方式调查了乡镇干部所感知到的来源与工作中的最大压力。

在工作场所中,面对工作带来的压力,个体的压力应对方式可以分为组织层面的应对和个体层面的应对。本次调查主要关注个体层面上的应对方式并将压力的应对方式分为以下三类:自我排解、向他人求助、不应对。

压力感知是指个体对压力的主观感受,本研究中压力感知这一变量有五个水平,分别为很幸福、幸福、一般、不幸福与很不幸福。上述变量的赋值情况如表 35 所示。

① 李朝波、梁靖宇:《领导干部心理工作环境及其影响机制实证研究——以税务系统 679 名科处级领导干部为例》,《领导科学》2018 年第 5 期。

表 35　模型变量说明

变量		变量代码	变量定义
压力感知水平 幸福感		Y_1	很大表示 1,较大表示 2,一般表示 3,较小表示 4,没有表示 5
		Y_2	很幸福表示 1,幸福表示 2,一般表示 3,不幸福表示 4,很不幸福表示 5
人口学 变量	性别	X_1	男表示 1,女表示 0
	年龄	X_2	30 岁以下表示 1,30~40 岁表示 2,41~50 岁表示 3,50 岁以上表示 4
	受教育 程度	X_3	硕士及以上表示 1,本科表示 2,大专表示 3,中专及以下表示 4
组织待遇(压力源)		X_4	好表示 1,较好表示 2,一般表示 3,差表示 4
工作时长(压力源)		X_5	8 小时以内表示 1,8~10 小时表示 2,10~14 小时表示 3,14 小时以上表示 4
压力应对方式		X_6	自我排解表示 1,向他人求助表示 2,不应对表示 3

三、研究结果

(一)压力感知

本次调查对象共 604 人,其中正科级领导 20 人,正科级非领导人员 53 人,副科级领导人员 90 人,副科级非领导人员 46 人,乡镇机关中层干部 176 人,科员 219 人。从调查结果看,S 市乡镇干部普遍受到压力困扰,近八成的人员认为压力较大及以上,其中有 21.7% 的人员认为有很大的压力,57.5% 的人员认为压力较大;从领导职级看,正科级非领导、乡镇机关中层干部及科员的压力情况要略微好于正科级领导和副科级人员,但从总体情况可以看出,不同职级在压力感受情况来说几乎没有差异,均值均在 2.0 左右,也就是处于较大压力水平。

1.压力感知在人口学变量上的差异

从性别上看,81.3% 的男性承受着较大及以上水平的工作压力,女性则有 76.5%。在很大的压力感受水平下女性占 23.2%,略微高于男性的 20.7%,但从总的分布情况来看,男女受访者对压力感知情况基本一致。对性别与压力的倾诉对象进行交叉分析发现男性更倾向于不倾诉,女性更偏向对家人倾诉。

对人口学变量（年龄、性别、受教育程度）进行方差分析与相关分析之后发现，上述三个变量与幸福感之间无显著差异，不同年龄与受教育程度之间的压力感知水平存在显著差异。在年龄组别当中，30岁以下群体的压力感显著高于41~50岁与50岁以上组；在受教育程度当中，仅有本科与大专之间存在显著差异。对此可以解释为，硕士及以上学历的乡镇干部具有较为丰富的知识储备，面对压力能够较好地解决，而中专及以下的乡镇干部职位较低，工作压力较小。同时，仅受教育程度与压力显著相关，$p < 0.01$，Pearson 相关系数为 0.107。

2. 不同收入水平的压力感知状况

本次调查将 S 市不同地区之间的收入划分为五个等级，等级 1 为 10 万元以下，等级 2 为 10 万~15 万元，等级 3 为 15 万~20 万元，等级 4 为 20 万~25 万元，等级 5 为 25 万元以上。不同收入水平下的压力感知情况如图 18 所示。

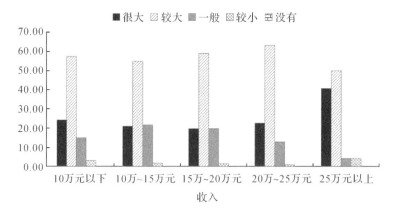

图 18　不同收入人员的压力感知情况

通过图 18 可以看出，在不同的收入水平中处于较大压力状态的人均超过半数，不同收入水平之间的压力感知没有较大区别。并且通过单因素方差分析可知，收入水平对压力没有显著影响（$p = 0.196$，不能拒绝零假设）。但值得注意的是，在收入 25 万元以上的人群当中，承受很大压力的人数比例大幅度上升。这里可以解释为，收入 25 万元以上的人群多为职级较高的干部，其所面对的工作难度可能较大，工作内容也更为繁杂，所以在该收入水平下的人会觉得自己有很大的压力。

(二)压力源

本次调查当中所涉及的压力源主要有四类:工作领域、工作时长、工作内容、组织待遇。通过对比不同职级干部之间的压力源,可以发现虽然干部之间的职级不同但是压力来源相似,压力源排在前三位的分别是工作责任重、经常加班以及领导要求高,详见图 19。正科级非领导职务的人员和副科级非领导职务人员受加班困扰比受工作责任重困扰要严重。科员认为人际关系复杂带来的压力要比领导要求高带来的压力大。在将乡镇干部的不同职级与工作内容进行交叉分析后可以得出,最占用干部工作时间以及精力的工作内容分别是沟通协调及开会,尤其是沟通协调,每个职级都约有 70% 的人员觉得沟通方面占用了过多的时间及精力。可见提高沟通效率、统筹会议是节省乡镇干部时间、减轻压力的有效手段之一。

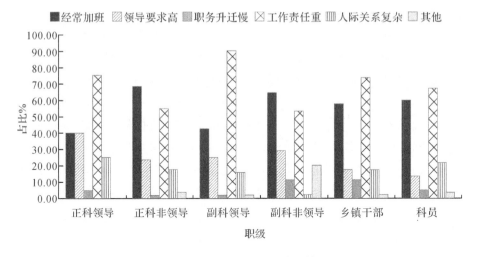

图 19　不同职级人员的压力源情况

工作领域分为:招商引资、经济发展、驻村领导、社会事业、建设拆迁综合治理以及其他,总共六类。使用 Welch's 方差分析,p 值为 0.38,认为不同的工作领域的压力情况无显著差异,两两多重比较中也无显著相关因素。

工作时长方面,大多数人员的工作时长每天都在 8~10 小时之内,尤其正科级领导职务的人员加班情况更甚,约 80% 的乡镇负责人工作时长在8~14小时,其他职级人员在该工作时间段的约占 70%。加班情况最少的职级是正科级非领导职务。从工作时长与压力感受的交叉分析百分比堆积图看(见图20),压力感受与工作时长成正相关,工作时间越长的人越容易感受到更大的压力。

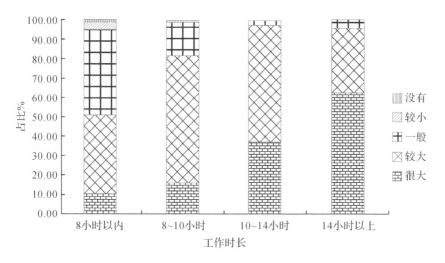

图 20　工作时长与压力感受情况

(三)压力应对

心理减压的目的就是达成求助者身心的平衡以及生活、工作、家庭的和谐。关键是解决生活、工作中的具体问题,帮助求助者在面对外部世界(刺激和压力)时表现出良好的适应性,在面对自己内心世界时没有激烈的情感冲突,使求助者不管是身体还是心理都呈现出一种良好的心理弹性和积极的生活态度。

在本次调查当中,将压力的应对方式分为以下三类:自我排解、向他人求助、不应对。其中采取不应对的人占比为33.0%,自我排解的占比为43.8%,向他人求助的占比为23.2%。对三类压力应对方式下乡镇干部的压力感知水平进行方差分析,p 值为 0.006,小于 0.05,因而不同排解压力的方式下,人们的压力强度感知会有显著性差异,自我排解或向他人求助对压力缓解的作用都明显强于不应对。

(四)相关分析

1.压力源与压力感知水平

在本次研究当中,涉及的压力源一共有四类:工作领域、工作时长、工作内容、组织待遇。方差分析结果显示,仅有工作时长和组织待遇对压力感知水平造成显著性影响。

将工作时长与压力感知进行 Welch's 方差分析,p 值为 0,认为工作时长与压力感受之间存在显著差异。从表 36 的多重比较结果可见,只有 10~14 小时与 14 小时以上两个组别之间无显著差别,其他两两之间均存在显著差异。造成这一现象的原因可能是 10~14 小时与 14 小时以上的工作时长都远远超过了工作人员的正常负荷范围,所以在这两个组别之间都无显著差异,但是相比于 8 小时以内和 8~10 小时而言,压力感受就会发生显著变化。

表 36　工作时长与压力感知之间的多重比较

工作时长	对比组	均值	标准差	p
8 小时以内	8~10 小时	0.406*	0.075	0.000
	10~14 小时	0.776*	0.081	
	14 小时以上	1.000*	0.134	
8~10 小时	8 小时以内	−0.406*	0.075	0.000
	10~14 小时	0.370*	0.058	
	14 小时以上	0.594*	0.122	
10~14 小时	8 小时以内	−0.776*	0.081	0.000
	8~10 小时	−0.370*	0.058	0.000
	14 小时以上	0.224	0.125	0.296
14 小时以上	8 小时以内	−1.000*	0.134	0.000
	8~10 小时	−0.594*	0.122	0.000
	10~14 小时	−0.224	0.125	0.296

注:* 均值差的显著性水平为 0.05。

将组织待遇与压力感知水平进行相关分析,结果显示二者在 0.05 水平上显著负相关，Pearson 相关系数为－0.103，即待遇越差，压力越大。在此基础上进行有序多项逻辑回归（见表 37），平行线检验 $p>0.05$，通过了平行线检验，可以进行有序逻辑回归。得出的模型拟合效果较好。对组织待遇评价为好和较好的 $p<0.05$，认为该两组对压力的回归系数是显著的，分别为 1.371和 1.226，即组织待遇评价为好和较好的人群比组织待遇评价为差的人群对压力感知小一个等级的倍数分别为 $Exp(1.371)$、$Exp(1.226)$。组织待遇作为在组织内部个人所获得的资源的象征，对乡镇干部来说，是自我能力价值的重要体现。乡镇干部常年工作在第一线，工作量大且环境艰苦。在这种情况下组织待遇与个人付出产生不对等时，会导致乡镇干部产生不满的情绪，从而使得压力感知增大。因此对组织待遇评价为好和较好的两类乡镇干部群体的压力感知水平明显小于组织待遇评价为差的人群，即个体感觉到的组织待遇越差，压力感知水平越高。

表 37　乡镇干部压力感知水平的有序逻辑回归模型

变量	估计系数	Wald 值	p
组织待遇好	1.371*	4.521	0.033
组织待遇较好	1.226*	5.679	0.017
组织待遇一般	0.910	3.153	0.076
组织待遇差（参照项）	0[a]		
自我排解	0.583*	9.734	0.002
向他人求助	0.563*	6.632	0.010
不应对	0[a]		

注：* 表示 $p<0.05$，[a] 表示该参数为冗余，设置为 0。

2.压力应对方式与压力感知水平

压力应对方式分为自我消解、向他人求助和不应对三类，其中自我消解和向他人求助都属于积极应对，面对压力采取不应对的方式属于消极应对。

将压力应对方式与压力感知水平进行有序多项逻辑回归（见表 37）。平行线检验 $p>0.05$。平行性假设成立，可以进行有序逻辑回归。模型拟合 $p>0.05$，认为不同的压力应对方式与压力感知之间是有显著差异的。压力应对方式为自我排解和向他人求助的系数分别为 0.583、0.563，即面对压力时选择自我排解和向他人求助的方式的乡镇干部比不应对的压力感知小一个等级的倍数分别为 $Exp(0.583)$、$Exp(0.563)$。

不同的压力应对方式表示的是乡镇工作人员面对压力是否具有解决的积极性，当采取自我排解以及向他人求助时，压力很大程度上得到释放，个体感知到的压力水平就会降低。这也说明面对压力，采取积极的应对方式对化解压力的影响更有效用。并且，自我排解压力代表个体通过努力将压力很好地内化，从而获得一定的成就感，所以自我排解相比较于向他人求助而言更能有效地降低个体的压力感知水平。面对压力采取不应对的方式，则会使得压力继续增大或持续影响，蔓延到生活中的其他领域从而造成连锁反应，所以与采取自我排解和向他人求助的人相比，不应对的乡镇干部所感知到的压力水平等级更高。

3. 压力应对方式与幸福感

幸福感作为个体对生活的总体性感觉，是评价其生活状态的重要指标之一。本次研究当中对乡镇干部的幸福感进行了调查，并研究压力应对方式对幸福感是否会产生影响。

选择有序多项逻辑回归方法进行回归（见表38）。平行线检验 $p>0.05$，认为平行性假设成立，各个回归方程间独立，可以进行有序逻辑回归。模型拟合信息 p 值为 0，两个拟合优度显著性在 0.7 左右，模型拟合效果较好。压力调整方式的 $p<0.05$，说明不同的压力应对方式下的幸福程度是有显著差异的。因为反向赋值的原因，所以以压力应对方式为自我排解和向他人求助的系数分别为 -0.800、-0.437，即选择自我排解和向他人求助的乡镇干部比不应对压力的乡镇干部幸福感高一个等级的倍数分别为 $Exp(0.800)$、$Exp(0.437)$。这里可以解释为，通过采取不同的压力应对方式，可以有效应对工作中的压力，从而提高幸福感。并且该结果同样证明了自我排解对于提升幸福感的影响最显著，面对压力不去应对的乡镇干部的幸福感比采取应对方式的人显著降低。

表38 乡镇干部幸福感水平的有序逻辑回归

变量	估计系数	Wald 值	p
自我排解	−0.800*	18.124	0.000
向他人求助	−0.437*	3.981	0.046
不应对	0[a]		

注:*表示 $p<0.05$,[a]表示该参数为冗余,设置为 0。

四、结论与建议

依据本次调查的结果与分析,我们得出这样的认识:总体上 S 市乡镇干部的心理健康状况良好,表现为较高的自尊和自信水平。但同时这一群体普遍感觉当前工作压力太大、责任过重、工作时间过长,对自己的健康感到担忧,对家人感到愧疚。本研究从认知交互理论出发,对压力源和压力应对方式对压力感知水平的影响进行研究之后认为,不同的压力源会对压力感知水平造成显著的影响。工作时间越长,压力感知水平越高;组织待遇越差,压力感知水平越高。同时压力的应对方式也会对压力感知水平和幸福感造成显著影响,面对压力进行自我排解的乡镇干部相比于不应对的人群来说压力感知水平最低,幸福感最高;采取向他人求助的次之;面对压力采取不应对的乡镇干部的压力感知水平最高,幸福感最低。综上所述,从组织层面和乡镇干部个体层面出发,我们给出以下建议。

(一)给组织部门的建议

1. 营造干部安心干事的政治生态

乡镇工作,要注重人岗匹配、奖惩分明,提供强大后盾,不断提振干部做事的精气神。不断提升乡镇干部的组织待遇,健全评价考核机制。要杜绝权、责、利不匹配,边界不清的事情高频发生,要旗帜鲜明地为那些敢于担当、踏实做事、不谋私利的干部撑腰鼓劲。执行容错纠错机制。

2. 完善社会心理服务体系

探索实施干部心理关爱工程,健全服务网络、搭建服务平台,培育专业化队伍、培育社会服务机构等统筹推进，形成多方支持、协同开展的良好局面。各级组织部要联合党校、卫生健康委员会等部门加速推进干部心理关爱中心的建立，从人力、财力、制度等方面保证此项工作的顺利开展，尤其要切实解决专业人才极度短缺的问题。党校要创新载体，策划好干部心理健康教育系列方案。培训课程中除了必要的心理健康知识普及、自我评估及调节等，还必须注重心理健康教育跟思想教育的有机结合，帮助干部树立正确的事业观、人生观。

（二）给乡镇干部的建议

1.正确认识心理问题

一是要改变观念，正确认识和对待心理问题。要明确患有心理失调或者心理疾病是非常正常的，不用刻意回避、逃避，担心被周围人知道而耻笑。其实心理问题就如生理上的感冒发烧一样正常，可以自愈，或求助心理医生来减轻症状，早日治愈。二是要树立正确的健康观。明确"每个人是自己健康第一责任人"。关注健康、重视健康，形成健康的行为和生活方式。

2.正确掌握心理调适的科学方法

乡镇干部要正确认识自己，客观评价自己，既能赏识自我优点，也能接纳不完美的自己。正视有时必须面对的现实和理想间的距离，学会利用自己的优势，尽可能到达理想的彼岸。同时也懂得取舍，明白放下有时也是一种坚持。掌握一些自我心理调适的方法，以应对工作、生活中面临的挫折和压力，及时调整和控制情绪。学会积极寻求社会支持，增加心理支柱依靠；学会培养高雅的情趣，丰富生活，充实自我；积极培育自身的心理资本，让希望、自我效能、坚韧、乐观助推自己走稳走远，并构建良好的人际关系，积极融入团队，做一个幸福的基层干部。

胜任力模型下基层干部知识储备和信心对其应急管理培训效果的链式中介影响

目前公共治理环境日益复杂,公共危机事件呈高频次、多领域和不可预测的复杂态势。正如乌尔里希·贝克所说:"我们生活在文明的火山上,在风险社会中,不明和无法预料的后果成为历史和社会的主宰力量。"[①]人类具有寻求安全、规避风险的本能,这使人民群众天然具备对于稳定和谐的社会的需求。突发事件背景下,如何防范化解重大安全风险,对党和政府的领导能力提出了更高的要求。

作为党在基层的中坚力量,基层干部直接接触并贴近广大人民群众。基层干部始终站在应急处置第一线,承担着防范化解重大安全风险、及时应对处置各类灾害事故的重要职责,并且担负着保护人民群众生命财产安全和维护社会稳定的重要使命。作为应急管理工作先导性、战略性和基础性工程,着力提升基层干部的应急管理能力和治理能力是把制度优势转化为治理效能、推进国家治理体系和治理能力现代化建设的必然要求,也是基层干部全力应对突发事件大考交出的答卷。[②]

新时代国家治理体系和治理能力现代化的建设亟须提高应急队伍战斗力。其中,应急管理培训作为应急管理体系的有机组成部分,能够为应对和处置公共危机事件提供人才保障和智力支持。加强各类应急演练和应急业务培训并结合相关应急预案演练,实现学以致用,能够为干部应对各种新的危机事件提供应急思维与理论指导,为应对各类突发事件提供知识支持和技能准备,

---

① 乌尔里希·贝克:《风险社会:新的现代性之路》,张文杰、何博闻,译,南京:译林出版社,2018 年。

② 《人民观点:把制度优势转化为治理效能——治理现代化的"中国智慧"》,人民网,http://theory. people. com. cn/n/209/00/c405－42728. html,2019 年 10 月 30 日。

为应急决策提供框架工具和程序指南，为应急处置提供方法、技术和手段。

胜任力模型是能力导向的现代干部管理体系的基础与核心。胜任力模型能够将组织发展目标分解到各个具体岗位，使现有资源与组织能力科学匹配，通过人力资本的不断提升实现组织的良好发展。近年来，相当数量的研究基于胜任力模型对领导干部的能力培训进行内容设计、思路开发及效果检验。[①]综合分析当前研究可以发现，胜任力模型既可以了解个人达成某项工作绩效所需要的能力素质，又能够探讨这些胜任特征之间的关系和影响工作实效的机制。而从应急管理培训现状来看，当前主要存在以下两个方面的问题：一方面是相当比例的基层干部没有认识到应急管理培训的意义，导致其自身的学习内生动力不足。这就使得此类基层干部缺乏应急管理知识储备与良好心理素质，导致应急管理培训实效一般。另一方面是现有研究缺乏对应急管理培训效果机制的探讨，从而课程设计难以满足干部需求，使得培训效果不理想。因此，研究亟须明确应急管理培训的效果机制，进而提升应急管理培训的针对性和领导干部对培训的认识度与配合度。基于此研究目的，本研究以胜任力模型和社会认知理论作为基础，探讨知识储备和信心的链式中介效应，明确培训对基层干部实际应急管理能力产生作用的可能中间路径，阐明应急管理培训的效果机制，从而为应急管理培训提高基层干部应对突发事件和驾驭复杂局面能力的效果提供理论支撑。这既是提升应急队伍战斗力的重要途径，也是推进国家治理体系和治理能力现代化建设的必然要求。

一、基层干部应急管理能力的培训与提升

（一）基层干部的胜任力与胜任力模型

胜任力指影响一个人大部分工作（角色或者职责）的一些相关的知识、技能和态度。它与工作的绩效紧密相关，并可用一些被广泛接受的标准进行测量，而且可以通过培训与发展加以改善和提高。本研究认为，胜任力是个体具

---

① 段永亮、韩锦：《基于胜任素质模型的处级领导干部培训课程体系构建与实践》，《教育现代化》2016 年第 3 期。

有的、为了达成理想绩效而以恰当的方式一贯使用的行为特征,比如知识和信心。胜任力模型(competency model),也叫能力素质模型,是近年随着我国人力资源管理理论和实践能力的不断提高而提出的一个概念,是识别胜任力的主要方法。胜任力模型通常是根据组织或企业中的某一个职位,依据其职责要求所提出的,为完成本职责而需要的能力支持要素的集中表示。具体而言,胜任力模型描述的是在特定的工作岗位组织环境和文化氛围中有效地充当一个角色所需要的与高绩效有关的知识、技能、自我概念、特质和动机等胜任力要素的特殊组合,这些胜任力要素是可测评、可分级的,是能够区分高绩效者和一般绩效者的。史班瑟(Spencer)等人提出了冰山模型(icebery model)、洋葱模型(onion model)和胜任力辞典(competency dictionary)。① 胜任力模型以未来为导向,描述了员工的理想能力与绩效状况,因此,这个模型能够为员工培训提供重要依据。

王鹏、时勘在国内最早引入胜任力概念,指出胜任力的分析方法对改进培训需求有重要意义。② 胜任力模型理论在干部队伍培训中具有一定应用价值:一是可以培养干部的显性特质,即基于胜任力的学习与培训是针对不同岗位层级干部的能力及需求进行的,且培训应该在组织范围内得到接受和应用,有效的培训和学习有助于提高专业知识、技能及岗位胜任力,最终实现绩效目标③;二是开发干部的隐性特质,基于胜任力模型指导的培训更强调每个人的态度、动机和信心等鉴别性胜任素质,这对于提高参训学员的理想信念、政治理论、道德品行等具有积极意义①;三是帮助干部职业生涯规划和发展,胜任力模型下的培训能够帮助每一个个体认清自身胜任水平,了解个人特质与工作行为特点及发展需要的关系,从而开发自身的职业潜能,增强他们适应未来环

---

① 莱尔·史班瑟、幸格·史班瑟:《才能评鉴法:建立卓越的绩效模式》,魏梅金,译,汕头:汕头大学出版社,2003 年。

② 王鹏、时勘:《培训需求评价的研究概况》,《心理学动态》1998年第 4 期。

③ 李更生:《基于胜任力及其模型建构的教师培训师学习与培训》,《教育发展研究》2014 年第18 期。

① 何斌、孙笑飞:《基于胜任力的培训需求分析及其应用》,《企业经济》2004年第 1 期。

境和发展的潜能,从而培养和储备一批年轻有为的干部队伍。① 从上述学者的论述中可知:胜任力是协调人力资源开发与组织绩效的关键②,胜任力模型对于干部队伍教育培训工作具有重要的理论指导和实践价值。③

(二)应急管理培训对应急管理实践的影响

已有研究发现,应急管理培训的积极效用在于:第一,能为应对各种突发事件提供知识技能支持和思想理论指导;第二,能为应急事件的管理决策提供框架、工具和程序指南;第三,能为形成良好、融洽、团结的工作氛围培育正确的价值导向和组织认同感;第四,能为基层干部实现自我价值和适合未来岗位需要提供有益的学习机会和发展途径。④ 曹蓉教授在研究中指出通过加强培训提升基层官员和专业技术人员的理论水平、技术运用能力和实践综合素质,是推动应急管理能力提升、提供后备人才保障、保障应急管理效果的有效途径。⑤ 肖文涛教授则在研究中提到我国应急管理培训没有形成常态化的应急演练机制,导致有些基层政府缺乏实战技能和经验,应急联动滞后不畅。⑥ 韩自强在总结了我国应急管理队伍建设方面的各种问题后,认为大力提升应急管理人员职业素养和能力迫在眉睫,可以通过大力开展多层次的应急管理系统干部培训切入。⑦ 冯亚娟等从安全管理和知识管理的角度得出健全的培训

---

① 郑学宝、孙健敏:《县级党政领导正职胜任力模型研究》,《中州学刊》2006 年第 1 期;常蕾:《构建基于胜任力的领导干部管理体系的方法与价值》,《社会科学战线》2013 年第 10 期;马璐、杜大有:《党政领导干部胜任力模型研究综述》,《领导科学》2013 年第 5 期。

② Kahirol M S, Nor L S, Gene W G. The development of competency model perceived by Malaysian human resource practitioners' perspectives. Asian Socialence, 2015,11(10),pp. 175-185.

③ 刘云:《基于胜任力模型的干部队伍教育培训研究》,《中国成人教育》2016 年第 22 期。

④ 薛澜、王郅强、彭宗超,等:《我国应急管理人才培训体系的现状与发展》,《中国应急管理》2011 年第 8 期;俞可平:《中共的干部教育与国家治理》,《中共浙江省委党校学报》2014 年第 3 期;薛澜:《学习四中全会〈决定〉精神,推进国家应急管理体系和能力现代化》,《公共管理评论》2019 年第 3 期;Carrel F L. Training civil servants for crisis management. Journal of Contigencies and Crisis Management, 2000,8(4),pp.192-196.

⑤ 王欣亮、曹蓉:《创新社会治理框架下我国应急管理提升路径研究》,《未来与发展》2017 年第 41 期。

⑥ 肖文涛、许强龙:《基层政府应急预案管理:困境与出路》,《理论探讨》2016 年第 1 期。

⑦ 韩自强:《应急管理能力:多层次结构与发展路径》,《中国行政管理》2020 年第 3 期。

和教育机制有助于提升员工安全绩效的结论。[①] 张燕认为培训是形成人力资本的重要手段,对绩效目标的实现至关重要。[②]

从对相关研究的分析中可以看出,加强各类应急演练和应急业务培训,有利于更好应对应急管理和处置工作。[③] 因而本研究得到以下研究假设。

假设1:培训次数对于培训帮助具有正向影响。

(三)知识储备的中介作用

应急管理培训作为一种正式学习,无疑是获取知识的主要且有效的方式。麦克利兰提出的冰山模型中,知识指的是个体所拥有的特定领域的信息、发现信息的能力以及能否用知识指导自己的行为。[④] 表面的知识和技能是可见的、相对容易改变的外显特征,构成了基准性胜任力,可以通过针对性的教育和培训习得。培训就是对员工进行特定职位所需的关键胜任素质的培养。[⑤] 基于胜任力模型可以帮助组织从自身发展需要出发,积极通过学习训练等手段提高个人的工作能力、知识水平和潜力发挥,最大限度地使个人素质与工作需求相匹配,具备或者提升胜任素质模型中的胜任素质水平。我国致力于全面、系统、可持续地培训具有战略眼光和一定专业技能的应急管理人才,大力推动形成以应急管理理论为基础,以应急管理相关法律法规和应急预案为核心,以提高应急处置和安全防范能力为重点的培训体系,再加上应急管理培训具有定期组织、脱产培训、教学方式多样等特点,能有效增加干部的应急管理知识积累,提高自身素质和应急技能。

获取应急管理知识对于应急管理工作具有战略性意义。第一,如今的时

① 冯亚娟、祁乔、侯莹莹:《知识共享对员工安全绩效的跨层次影响研究——一个链式中介模型》,《安全与环境学报》2020年第5期。
② 张燕:《基于岗位胜任力模型的员工培训体系构建》,《企业改革与管理》2016年第6期。
③ 陈新明、萧鸣政:《公共危机下地方党政领导干部的综合治理能力及其提升路径研究》,《领导科学》2020年第7期;王明杰、郑一山:《西方人力资本理论研究综述》,《中国行政管理》2006年第8期;宁高平、王丽娟:《新时期技能人才培养培训机制研究》,《宏观经济管理》2019年第8期;王英来、王智卿、崔寅:《浅议突发事件的应急处置与应急管理——兼论新冠肺炎疫情对我国突发公共卫生事件应急体系和能力建设的启示》,《决策探索(下)》2020年第5期。
④ McClelland D C. Testing for competence rather than for "intelligence". The American Psychologist,1973,28(1),pp. 1-14.
⑤ 吴梅:《企业人力资源管理胜任素质模型的构建》,《统计与决策》2015年第13期。

代是一个建立在知识和信息的生产、分配和使用基础之上的经济时代,这标志着只有拥有与时俱进的知识体系和应用途径,才能更好地达成工作绩效。美国学者彼得·德鲁克最早提出"知识型员工"这一概念,指的是"那些掌握和运用符号和概念,利用知识或信息工作的人"①。基层干部属于知识型员工,知识型员工比一般员工更善于学习和利用知识,因此在知识经济时代更要不断引导知识型员工学习,发挥其潜能,提高组织承诺水平和为组织创造绩效的能力。第二,在职培训作为基层干部学习的主要形式,有利于基层干部强化危机意识、深化思考、总结经验,因此能够优化升级其应急处置能力,从容有序地应对突发公共危机事件。国务院应急管理专家组组长闪淳昌认为,新时代提升我国应急管理水平的重点工作之一就是让广大干部努力学习和掌握应急管理知识,以提高处置突发事件的应急能力和综合素质。②

综上,增加应急管理培训有助于提高干部应急管理知识储备,缓解人员知识水平与工作需要的不匹配程度,因而有助于优化应急处理能力并在实际工作中发挥实效。因此得出如下研究假设。

假设2:知识储备在培训次数和培训帮助之间起中介作用。

(四)信心的中介作用

信心是人们对于某一行为必将取得成功、某一目标必将成为现实的信任程度,是一种基于相信、信任、信赖而产生的积极心理效能和文化力量。叶红春认为通过一系列培训和开发项目,能够增强个体信心,从而增强个体的积极心理资本。③ 应急管理的工作环境复杂多变,培训除了能够直接增加基层干部对应急管理环境和应急管理工作的了解从而提升信心,培训本身也是以培养员工的抗压能力、逆境中保持信心以及冷静处理事务的能力为目标,因此培训能够对信心产生正向影响。我国的应急管理培训是针对基层干部的知识空白、经验盲区、能力弱项等方面的欠缺,实施精准化、标准化、科学化的培训,能够培养基层干部良好的心理素质,增强适应危、难、险、急任务的信心。

---

① 赵�曙明:《人力资源管理研究》,北京:中国人民大学出版社,2001年。
② 闪淳昌:《提升新时代我国应急管理水平》,《社会治理》2018年第25期。
③ 叶红春:《如何发展运用积极心理资本》,《中国人力资源开发》2004年第6期。

著名心理学家班杜拉(Bandura)的大量理论和研究都表明,信心作为一种积极心理资本与工作绩效具有很强的正向关系。[①] 麦克利兰提出的冰山模型中,其核心特质之一就是自我概念,表现形式为信心,是区分绩效优异者与一般者的关键因素。信心处于冰山模型的中间层次,相对不太容易受外界影响,需要经过适当的培训或者成长性的经历而产生改变,持续投入时间较长,但对人员的行为和表现起着关键作用。[②]卢坦斯(Luthans)等在研究中国企业员工时发现,具有较高心理资本如乐观的员工更倾向于积极投入工作,从而提升工作绩效。[③]且高心理资本的员工更易于缓解焦虑情绪和工作压力,约束自身不合理行为。[④] 相关研究也表明,具有较高信心的个体在职业早期更容易达到其职业期望。[⑤]一个人如果具有积极的自我概念,相信自己的努力并将成败归因于自己的努力程度,则有助于其形成积极的控制信念和提高自我实现的可能性。这种积极的心理胜任力一方面能够最大限度提高基层干部应急管理的积极性、理性程度和适应能力;另一方面能加快应急管理工作从被动的应急处置向主动的风险治理转变,实现风险管理"关口前移,重心下移"。

综上,通过增加应急管理能力的培训,可能有助于增加基层干部的信心和积极心理资本,从而优化应急处置能力。因此得到以下研究假设。

假设3:信心在培训次数和培训帮助之间起中介作用。

(五)知识储备和信心的链式中介效应

信心是在实际工作中取得成功的不可缺少的素质,掌握相当的知识与经

① Bandura A. Social foundations of thought and action: A social cognitive theory. The Academy of Management Review,1986,12(1),pp. 169-171.

② McClelland D C. Testing for competence rather than for "intelligence". The American Psychologist,1973,28(1),pp. 1-14;诺姆四达集团:《解码胜任力》,北京:光明日报出版社,2014 年。

③ Luthans F,Avolio B J,Walumbwa F O,et al. The psychological capital of chinese workers: Exploring the relationship with performance. Management and Organization Review,2005,1(2), pp. 249-271.

④ Avey J B, Reichard R J,Luthans F,et al. Meta-analysis of the impact of positive psychological capital on employee attitudes, behaviors,and performance. Human Resource Development Quarterly, 2011,22(2),pp. 127-152.

⑤ Reynolds L T, Herman-Kinney N J(eds.). Handbook of Symbolic Interactionism. New York: AltaMira Press, 2003.

验则是树立自信心的必要前提。相反地,在知识经济时代如果缺乏相应的知识和信息,则会让人感觉到焦虑、慌乱甚至挫败。这种知识焦虑主要来自三个方面:一是大量有价值的信息突然涌入让人意识到自己的无知从而产生恐慌;二是对于获取的新知识感到无法把控、不能随时取用;三是发现自己根本没有或者不能将理论与实际结合起来进而产生挫败感。主动、经常性的学习培训以及与实操演练相结合可以缓解上述问题。① 根据班杜拉的社会认知论,自信心最重要最有效的来源是成熟经验,已拥有的成熟经验是指从亲身经历的行为后果或从个人亲身经历的成功与失败的教训中学习,因此提升信心要重视认知的建构和经验的积累。②

总体上,在应急管理过程中通过培训提高基层干部的知识储备可以增加积极的心理资本,促使工作绩效提高。一方面,系统的脱产培训有利于丰富基层干部的应急管理理论知识体系和应急管理实战经验,提高干部应急管理的能力和信心,即使在危、难、险、急的情况下也能保持良好的心态,激发个人的潜能;另一方面,这些知识储备能促使基层干部即使身处逆境之时,也能充满希望、保持较强的心理韧性和积极的态度,从而迅速启动、积极协调、各司其职地组织救援活动,不至于使局面处于慌乱失措、混乱无序。

综上,具备高技术知识程度的人可能具有更高的自我效能,从而给实际工作带来积极帮助,给组织带来更高的产出。因此得到以下研究假设。

假设 4:培训次数会通过知识储备,对信心产生正向的影响,并进而正向地影响对实际工作的帮助。

(六)链式中介模型构建

结合上述分析,本研究以胜任力理论为基础,纳入对基层干部承担职位所需要的关键胜任力,即知识储备与信心变量,构建培训次数对工作帮助影响路径的理论模型(见图 21、图 22),以期提高基层干部胜任力水平,进而提升基层干部应急管理能力培训机制对实现应急管理目标的支持能力。

---

① 大岩俊之:《实用性阅读指南:把读到的知识转化成能力》,陈怡萍,译,南昌:江西人民出版社,2017 年。
② 林东慧、刘本扬、吴晓靓,等:《基于社会认知理论的学校生涯教育活动研究》,《第二十届全国心理学学术会议——心理学与国民心理健康摘要集》,2017 年。

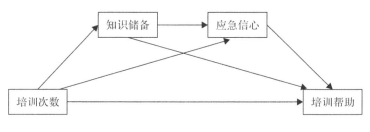

图 21　中介模型

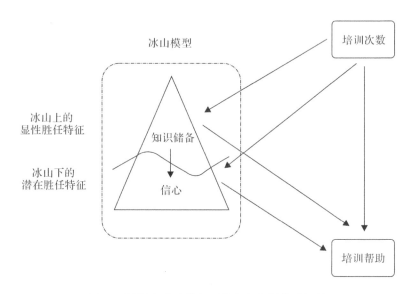

图 22　胜任力理论视角下的中介作用模型解释

二、研究设计与数据分析

(一)被试

2020 年 7 月向长三角 S 市 1.2 万余名干部发放"干部应急管理能力培训需求及评价调查"问卷,问卷围绕基层干部的培训现状、培训频率以及培训需求和评价等内容进行设计,共回收有效问卷 11205 份。调查人数中,男性占62.10%,女性占 37.90%,30~39 岁的占 32.86%,40~49 岁的占 30.26%。学历以本科为主,占总人数的 72.64%。科级以下和其他人员占 68.25%,科级干部占 25.92%,处级干部占 5.73%,厅级干部占 0.09%。

(二)变量测量

从实际情况来看,最近三年内,32.76%的被调查者表示"没有接受过任何应急管理能力培训",29.65%表示"只接受过一次相关培训",13.86%表示"接受过两次相关培训",23.73%表示"接受过三次及以上相关培训"。52.35%的被调查者表示所在单位或系统组织的相关岗位人员应急管理能力轮训周期不能达到"一年一轮",6.54%的受访人表示所在单位或系统"从未组织过应急相关岗位轮训"。

从总体情况来看,S市干部对当前应急管理能力培训效果是较为满意的。75.23%的被调查者认为当前应急管理培训完全或基本能够满足其工作需要,77.70%的被调查者认为自身的知识能力储备完全或者基本能满足当前岗位应急管理需求。在 7534 位最近三年内接受过应急管理能力培训的被调查者中,有 52.23%的被调查者认为接受过的应急管理能力培训"效果很好,非常有帮助",44.36%的被调查者认为"效果还行,有点帮助",3.31%的被调查者认为"效果一般,不太有帮助",只有 0.11%的被调查者认为"效果不好,完全没帮助"。

本次研究中的培训次数,使用问卷中"近三年 S 市干部所接受的培训次数"作答情况进行测量。信心,使用问卷中"目前的知识能力多大程度上能满足应急管理需求"作答情况进行测量。知识储备,使用问卷中"应急管理知识及培训能否满足目前的岗位需求"作答情况进行测量。培训帮助,使用问卷中"所接受的培训对应急管理能力是否有帮助"作答情况进行测量。

三、结果分析

(一)描述性统计及相关分析

如表 39 所示,各变量之间均存在显著相关,且都成正相关关系,适合进一步进行中介效应检验。

表 39 各变量的平均数、标准差及相关分析

变量	M	SD	培训次数	知识储备	应急信心	培训帮助
培训次数	1.29	1.16	1			
知识储备	3.63	1.00	0.38**	1		
应急信心	3.69	0.96	0.35**	0.65**	1	
培训帮助	2.34	1.70	0.80**	0.42**	0.38**	1

注：*，**，*** 分别表示 $p<0.05,p<0.01,p<0.001$。

（二）培训次数和培训帮助之间的链式中介效应检验

结果显示，培训次数对培训帮助的总效应显著（$\beta=0.81,p<0.01$），且能够正向预测培训帮助。培训次数对培训帮助的直接效应也正向显著（$\beta=0.75,p<0.01$），对知识储备（$\beta=0.38,p<0.01$）和信心（$\beta=0.12$，$p<0.01$）都具有正向的显著性。知识储备对培训帮助的间接效应正向显著（$\beta=0.10,p<0.01$）；信心对培训帮助的间接效应也正向显著（$\beta=0.05$，$p<0.01$）。知识储备对信心的间接效应也显著（$\beta=0.60,p<0.01$），且能够正向预测信心（见表40）。

表 40 中介模型的回归分析

变量	因变量:培训帮助		因变量:知识储备		因变量:应急信心		因变量:培训帮助	
	β	t	β	t	β	t	β	t
培训次数	0.81	144.10**	0.38	44.03**	0.12	15.63**	0.75	125.38**
知识储备					0.60	77.66**	0.10	13.97**
应急信心							0.05	6.23**
R^2	0.65		0.15		0.43		0.67	
F	20763.42**		1938.75**		4227.38**		7413.18**	

注：*，**，*** 分别表示 $p<0.05,p<0.01,p<0.001$。

中介效应分析显示（见表 41、图 23），知识储备和信心的中介效应 Bootstrap 95%置信区间都不包含 0，说明知识储备和信心培训次数对培训帮助的中介变量，中介效应值为 0.06，占总效应的 7%。知识储备和信心的中介

效应主要是通过以下三条实现。间接效应1(0.04):培训次数→知识储备→培训帮助。间接效应2(0.01):培训次数→信心→培训帮助。间接效应3(0.01):培训次数→知识储备→信心→培训帮助。间接效应1、间接效应2、间接效应3分别占总效应的5.00%、1.00%、1.00%。各间接效应的Bootstrap95%置信区间均不包含0,表明三个间接效应均达到显著水平。

表41　中介效应的 Bootstrap 分析

效应类型	效应值	Boot SE	Bootstrap 95%CI		相对效应占比/%
			下限	上限	
总效应	0.81	0.01	0.80	0.82	100.00
直接效应	0.75	0.01	0.74	0.76	93.00
间接效应1	0.04	0.01	0.03	0.05	5.00
间接效应2	0.01	0.01	0.004	0.008	1.00
间接效应3	0.01	0.01	0.002	0.007	1.00

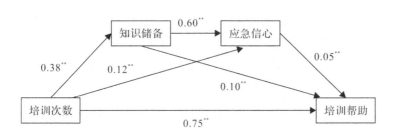

图23　中介作用模型

注: ** 表示 $p < 0.01$。

四、讨论

现有胜任力模型具有明显的人力资源管理与开发意义。它既可以作为人们自我能力开发和学习的指示器,又可以成为管理者制订培训规划的依据和信息源,还可以为组织的绩效考核和人才选拔提供依据和指导方案。[①] 基层干部处置公共突发危机事件的能力更加重要,直接关乎我国基层部门整体应对突发公共卫生事件的能力和水平。

本研究通过问卷调查,了解到基层干部的应急管理培训现状、培训需求,着重探讨基层干部应急管理能力的培训提升机制。通过建构链式中介模型,考察了培训次数对培训帮助的直接影响作用,结果显示培训次数对培训帮助具有正向的预测作用。第一,应急管理能力培训及其体系建构是提升政府部门和领导干部应急管理能力的重要途径。通过系统化、标准化和科学化的应急管理培训和学习,能有效优化风险处置能力,提升应急管理的战斗力。第二,培训次数既能够对培训帮助产生直接影响,也能够通过知识储备和信心的中介作用对培训帮助产生间接影响,且依然正向预测培训帮助。通过培训获得的成熟经验能够强化个体对于能力的自我肯定信念,这种信心提高了个体的理性程度、积极性和适应能力,从而有利于在实际工作中更好地发挥智慧和技能。[②]知识储备和信心的独立中介作用结果支持了胜任力模型及社会认知论,从而有助于我们从胜任力的视角揭示基层干部应急管理的培训机制。

我们的研究有力证明了:针对影响应急管理工作的关键胜任力因素进行培训,有助于优化应急处置能力并提升实际工作的成效,推动我国政府治理体系和治理能力的改革,激发潜在的治理活力和能力。此外,知识储备和信心的链式中介作用有效整合了胜任力理论和社会认知论,对深入探析知识储备和信心在培训次数对培训帮助之间的联合作用具有重要意义,表明知识储备不仅在培训次数对培训帮助中起中介作用,而且能通过个体信心水平的提升帮助提高实际应急管理工作的效果。

本研究还存在一些不足之处。首先,研究仅针对个人展开调查,考察的内容也仅是个人层面的主观感受,缺乏组织层面的培训效果研究,考察个体层面

① 贺文琴:《论人力资源开发与管理中的"冰山模型"——基于高校职员培训实例分析》,《管理观察》2016 年 14 期。

② 臧彤:《浅析自我效能在少儿游泳教学中的应用》,《廊坊师范学院学报(自然科学版)》2012 年第 12 期。

和组织层面之间培训效果传递作用机制的研究仍旧缺乏。[①] 其次，本研究仅基于两个中介变量研究培训次数对培训帮助的作用机制，解释力稍有不足，后需寻求更多中介变量或调节变量解释影响。最后，研究测量的胜任力指标较少，且多偏重个体内层次，故探究基层干部应急管理培训的效果产生的具体机制仍需要更严谨而多样的后续研究进行补充和验证。

　　基层干部的素质能力对基层党组织和政府治理绩效的影响巨大。其认知素养、思维水平、执行能力等胜任素质直接决定着公共部门工作效果。构建胜任力模型是提升组织绩效的有效手段。基于构建胜任力模型的人力资源管理模式，能够明晰应急管理所需核心胜任力的特征及其关系，从而有利于对个人的胜任力资源进行合理利用和有效开发，并最终影响组织绩效。每一次突发公共事件都是一次危机，但危机中也蕴含着机遇，使我们意识到改进的方向与提升的空间。建立基于胜任力的培训机制是十分必要的举措。培训是人力资源开发的核心，针对基层干部能力素质的短板，设计具有针对性的培训课程和内容，是实现高质量、高效率培训的前提。但要有针对性地进行基层干部的教育培训，实现基层党组织的工作效果，还必须建立基于胜任力的激励机制。基于胜任力分析而设计的激励机制要求提升基层干部参与培训的内生动力，包括评优评先、考核奖励和选拔重用等物质激励与精神激励相结合的方式给予基层干部正向反馈，有助于强化基层干部继续参与培训的意识和动力，提高干部对于应急管理工作的自我效能感。

　　① Tharenou P，Saks A M，Moore C. A review and critique of research on training and organizational-level outcomes. Human Resource Management Review，2007，17（3），pp. 251-273；Kozlowski S，Brown K，Weissbein D，et al. A multilevel approach to training effectiveness：Enhancing horizontal and vertical transfer. In Klein K，Kozlowski S（eds.）. Multilevel Theory，Research，and Methods in Organizations：Foundations，Extensions，and New Directions. California：Jossey-Bass，2000，pp. 157-210.

新时代社会心理服务体系建设研究

——以浙江省为例

一、问题的提出

中国经济社会快速发展、加速转型给人民带来福祉的同时,也不可避免地遭遇一些问题:旧有的社会规范不断受到冲击甚至瓦解,新的社会秩序尚未完全建立,阶层分化显现,发展机会相对减少,竞争压力加剧,等等,导致了失落的社会情绪、失调的社会认知、失范的社会行为、失序的社会心态等。由此引发的群体性事件、恶性案件时有发生,严重影响社会安定、和谐。提升人民群众的获得感、幸福感、安全感是新时代需要持续探索的一个课题。因此,基层治理中推进社会心理服务体系建设,用心理学的知识和技术,解决社会宏观层面的心理问题,尤其要提升人民获得感、幸福感和安全感,培育积极向上的社会心态[①],成为基层社会治理的"重头戏"。近年来国家政策高频出台,学者们积极思考,各级政府及相关部门努力探索,为推进基层社会心理服务体系建设奠定了良好的基础,但由于起步时间不长,在定位、思路、实践模式等方面都存在一些问题,需要不断修正、完善。

(一)社会心理服务体系建设的研究概述

2013 年,党的十八届三中全会提出"创新社会治理体制,提高社会治理水平""创新有效预防和化解社会矛盾体制。健全重大决策社会稳定风险评估机

---

① 辛自强:《社会心理服务体系建设的定位与思路》,《心理技术与应用》2018 年第 5 期。

制。建立畅通有序的诉求表达、心理干预、矛盾调处、权益保障机制"；[①]2016年，"十三五"规划在"加强和创新社会治理"的背景下提出健全社会心理服务体系和疏导机制、危机干预机制；2016年，国家卫计委等22个部门联合印发《关于加强心理健康服务的指导意见》指出，加强心理健康服务、健全社会心理服务体系建设；2017年，党的十九大报告提出，"加强社会心理服务体系建设，培育自尊自信、理性平和、积极向上的社会心态"[②]。自此，社会心理服务体系正式确立为国家战略。

"社会心理服务系统建设"这一重要部署，并未在政策层面进行进一步的解读和阐释，这激发了学者们针对"社会心理服务体系"内涵的积极思考，大家主要围绕定位与思路、实践模式与理论方向等开展研讨，有些方面意见迥异，观点交锋集中在社会心理服务体系建设的定位，核心是与心理健康服务体系的关系。目前关于社会心理服务体系有三种不同的看法：一是"社会的心理服务"，二是"社会心理的服务系统"，三是"社会的心理服务体系"，第一种和第三种其实都把心理服务理解为狭义的心理健康服务。吕小康和汪新建把"社会心理服务体系"翻译为"public psychological services system"，将其理解为"公共心理服务体系"，是政府公共服务的一部分。[③] 基于政策和学术研究的总结与分析，研究者发现"社会心理服务系统建设"呈现两种观点。一种观点认为，社会心理服务体系建设与心理健康服务体系建设不同，但核心内容是心理健康服务[④]；另一种观点认为，社会心理服务体系建设是"由心而治"的社会治理，与心理健康服务体系截然不同，心理健康服务充其量是一个极小的关注部分[⑤]。关于如何开展，有学者提出，要建立健全体制机制，重点做好心理科学传播、心理健康教育、心理健康服务、专业人员培养、社会组织培育、心理影响评估等工作[⑥]；要在重大政策制定和实施过程中，逐步规范决策中的心理影响评

---

① 人民出版社，编：《中共中央关于全面深化改革若干重大问题的决定》，北京：人民出版社，2013年。

② 习近平：《决胜全面建成小康社会　夺取新时代中国特色社会主义伟大胜利》，北京：人民出版社，2017年。

③ 吕小康、汪新建：《中国社会心理服务体系的建设构想》，《心理科学》2018年第5期。

④ 陈雪峰：《社会心理服务体系建设的研究与实践》，《中国科学院院刊》2018年第3期。

⑤ 俞国良：《社会转型：社会心理服务与社会心理建设》，《心理与行为研究》2017年第4期。

⑥ 俞国良：《社会转型：社会心理服务与社会心理建设》，《心理与行为研究》2017年第4期。

估,注重疏导不公平感,从源头上预防和化解矛盾[1];要从个体、家庭、职场、社会、国家和世界不同场域,微观、中观、宏观开展社会心理建设[2];要从群体心理需求角度论证社会心理服务的设计思路,以服务对象或主题为切入点开展社会心理服务[3]等。

(二)研究的观点和思路

基于对近年社会心理服务体系提出的背景,尤其对十九大报告精神的理解和对学界两种不同观点的分析,提出并坚持:社会心理服务体系,是一种社会治理体系,是心理学应用体系与社会治理体系的融合。因此,社会心理服务体系建设,要从"心"源出发,用心理学的理论和方法指导精细化的社会治理,培育国民良好的社会心态,有效预防和化解社会矛盾,探索基层社会治理新路径,促进社会和谐、人民幸福。在定位上,要突出"社会心理"的视角,要关注整个社会共性、普遍性的社会心理问题。例如,如何促进不同阶层间的融合,特别是贸易摩擦升级、经济下行背景下,民营企业家、公司员工、公职人员等群体间的理解与包容;如何疏导经济快速发展、社会变迁对国民心理的影响,特别是针对拆迁安置推进中百姓对生活方式变迁后的融入等;如何共筑乡愁、爱我中华等。在方式方法上,用心理学的理念和方法开展社会治理,是心理学应用体系服务于社会治理,实现治理由"刚性"到"柔性"的转变,进而实现"善治",同时正确处理心理学应用于社会治理的有限性与社会治理的复杂性间的关系。

二、研究方法

(一)样本地区选择

本研究选择浙江省作为样本地区,浙江杭州拱墅区 2016 年被中央综治办指定为"社会心理服务体系建设"联系点的 12 个地区之一。2019 年中央政法

---

① 傅小兰:《加强社会心理服务体系建设》,《人民论坛》2017 年第 2 期。
② 傅小兰:《加强社会心理服务体系建设》,《人民论坛》2017 年第 2 期。
③ 毕重增:《社会心理服务中的对象化和主题化及其整合》,《心理技术与应用》2018 年第 10 期。

委、国家卫健委十部委联合指定的 56 个"社会心理服务体系建设"试点地区，浙江的杭州、宁波、绍兴、嘉兴名列其中。2018 年，浙综委〔2018〕1 号文件（关于印发《关于总结提升推广新时代"枫桥经验"的工作方案》的通知）明确规定社会心理服务体系建设推广工程作为提升推广新时代"枫桥经验"的六大创新成果之一，浙江在 2018 年初就已开始探索与实践，也取得一些成效，遇到一些问题。全国不少地方都学习浙江这一基层治理的先进经验。因此，浙江的社会心理服务体系建设对全国推进社会心理服务体系建设有一定示范性和借鉴意义。

（二）研究方法

本研究主要采用实地深度访谈和网络文本分析的方法进行，网络的文本分析主要对各地此项建设工作全貌的各类网络文本资料进行归类分析，实地调研主要通过对该领域专家、从事社会心理服务体系建设工作的政府相关部门（政法、综治、乡镇等）负责人、基层干部等进行深度访谈，共同研讨社会心理服务体系建设推广工程的应然与实然、成效与困惑等。

三、研究结果

（一）组织架构

根据浙综委〔2018〕1 号文件，浙江 11 个地市结合各地实际出台社会心理服务体系推广工程实施方案及配套文件，杭州、宁波、绍兴、嘉兴四个全国试点城市遵循国家卫健委、中央政法委十部委《关于印发全国社会心理服务体系建设试点地区名单及 2019 年重点工作任务的通知》，又出台各自的试点方案。当前，此项工作的牵头部门是卫生健康委，宣传、政法、教育、公安、民政、司法、财政、信访、残联等部门参与，各部门各司其职，分工协作，最终形成"党委领导、政府主导、卫健牵头、部门协同、公众参与"的组织架构。成立社会心理服务体系建设领导小组，除嘉兴由政法委书记任组长，其他地市均由分管文教卫的副市长任组长，参与部门分管领导任副组长，各部门相关人员任成员，统筹推进社会心理服务工作。

(二)工作举措

1.线上线下全覆盖,搭建多维服务平台

社会心理服务体系建设离不开平台的搭建,"加快推进社会心理健康预防体系建设,建立健全心理危机与心理援助服务平台,打造共建共治共享的社会治理格局",才能让社会心理服务产生更大的价值。[1] 在搭建多维服务平台过程中,浙江各地不仅按照中央文件要求建立区(县、市)、街道(镇)、社区(村)三级社会心理服务平台,还依托各级综治中心,结合综治工作、市场监管、综合执法、便民服务"四平台"建设为辖区公众提供心理服务。截至 2018 年底,浙江省已建成区(县、市)级社会心理服务指导中心 78 家,乡镇(街道)级社会心理服务站 1236 家,建成率 100%,村(社区)的心理咨询(辅导室)建成率 80% 以上,而且特别强调这些平台中群众的自助服务与政府的专项服务结合。譬如绍兴的"社会心理服务指导中心"和杭州拱墅区的"爱心科技体验馆"突出民众在其中的自我体验、自我学习、自我教育、自我认知。杭州市早在 2019 年就制定并落实《关于杭州市进一步加强严重精神障碍患者综合管理的试行意见》(杭政法〔2019〕27 号),以乡镇(街道)为主体,建立多部门精神卫生综合管理小组和基层"多位一体"关爱帮扶小组 192 个,实现乡镇(街道)全覆盖。而在政府开展重大项目期间,浙江省市政府会安排心理专家参与心理疏导、危机干预,调和群众情绪,减少工作阻力。在自然灾害后及时开展灾后心理疏导和干预。例如,2019 年"利奇马"过境后第二天,杭州市心理危机干预小组赶赴受灾严重的临安区岛石镇、龙岗镇,干预小组对受灾区的所有涉及人员进行统一心理评估并分类,进行心理辅导和干预,对重点人群开展一对一心理干预。平台建设不仅做实线下,也关注线上,传统媒体、新媒体合力普及健康知识、接受咨询服务,力争全域全员心理服务的全覆盖。如 2019 年 6 月嘉兴被列为全国社会心理服务体系建设试点城市,不断创新心理服务机制,研发推出"嘉心在线"心理服务平台,即嘉兴市民专属的公益互动的社会心理服务平台,可以为嘉兴

---

① 陈莉莉、杜洛君:《"十四五"时期完善湖北重大突发公共事件的心理疏导机制研究》,《社会科学动态》2020 年第 8 期。

市民提供触手可得的社会心理服务。截至 2021 年 8 月,嘉兴已有近 500 名心理顾问入驻"嘉兴在线"平台,共为 1.6 万人提供了咨询服务。浙江绍兴市开展视联网在社会心理服务工作中的应用,参与全省社会心理服务网络软件开发。

2.培养专业人才,组建多元队伍

加强人才培养是推进社会心理服务体系建设的关键。对此可以采取以下举措。其一,组建专家队伍,聘请全国知名专家教授成立专家顾问团,全程指导心理服务体系建设。李丹阳和陶明达认为:"高校的心理学专业中尝试增加社会心理学方向,培养出一批具有专业知识的人才加入社会心理服务的实践中,缓解社会心理服务体系的专业人才紧缺。"[①]嘉兴市大力推进人才培养校地合作。市政府与浙江大学签订合作协议,成立心理健康联合研究中心,由 20 位国内知名专家组成专家研究团队,增强顶层设计的科学性。其二,成立专业队伍,由省内心理学专家、精神卫生医生等组成,指导各市(区)和重点部门开展服务体系建设和运行模式探索。例如,浙江省绍兴市组织跨部门培训,组建社会心理服务体系建设试点工作领导小组成员单位及其下属事业单位从事八大类特殊人群管理服务的工作人员开展培训。其三,培育骨干队伍成员,将派出所民警、司法所干部、学校老师、网格管理员、法律顾问等工作人员作为骨干队伍成员,强化培训,提升能力,开展心理服务、重点人员走访排查、帮扶疏导等工作。其四,壮大志愿队伍,搭建志愿服务平台,充分利用现有社团,把党员、社工、返乡走亲干部、大学生等吸纳为志愿者,开展宣传普及、帮扶等多元服务,力求四支队伍满足各种不同需求。绍兴市组织全市慢病随访志愿者开展心理学在随访工作中应用方面的培训。宁波市组建专兼职心理服务专业队伍和志愿者队伍,依托市和区县(市)心理卫生协会和宁波市志愿服务 We 平台,招募心理服务志愿者 2558 人。

3.完善社会心态监测机制,实施立体干预

社会心态监测机制是社会心理服务体系建设一项重要的体制机制,实时监测社会心态并及时反馈能为社会治理提供可靠的依据。张建荣与左新亚表

---

①　李丹阳、陶明达:《社会心理服务体系的建设与运行研究》,《湖北理工学院学报》(人文社会科学版)2019 年第 6 期。

示,关注社会心态的变化,"要紧紧依靠科学技术的力量开发社会心理监测系统,定期开展社会调查,关注重点人群心理变化,加大心理数据库的建设"①。在社会心态监测的基础上,实施立体干预,开展预警在先,苗头问题早消化;教育在先,重点对象早转化;控制在先,敏感时期早防范;调解在先,矛盾纠纷早处理的"心防"工程。根据对浙江省实地考察与网络文本分析,研究者得知宁波市社会心理服务体系建设在很大程度上建立了较为完整的立体干预机制。一是开展普通人群心理健康知晓率调查。二是面向公众推广心理健康宣传标语,开发全市统一的心理健康教育工具包。三是扎实做好重点人群心理健康服务。在全市范围内开展未成年人心理健康宣讲活动。这一系列举措是宁波市社会心理服务体系建设立体干预的重要实践。除此之外,由政府主导,卫健委牵头,依托心理服务机构,将特殊人群心理信息嵌入综治信息平台,重点建立监测预警干预机制,对刑满释放人员和社区矫正人员、信访重点人员等七类人群,进行全面心理风险筛查,做到精准筛查、识别风险,对重点特殊人员逐一评估,分一、二、三级预警,做到精准预警、防范风险。对矛盾突出、生活失意、心态失衡、行为失常及性格偏执人员重点防范,建立政府、社会、家庭"三位一体"的帮扶体系。社会心理服务体系建设的根本目标是实现人民幸福,而个体的心理健康状态是人民幸福的重要前提。浙江省对流浪乞讨人员实施"心理救助",对服刑人员、刑满释放人员及其家属实施"心理援助",对涉毒、涉稳、邪教等人员实施"心理纠正",对特殊利益群体实施"心理干预",对社区矫正人员实施"心理疏导",对肇事肇祸精神障碍患者实施"救治救助",等等,调和公众情绪,呵护心理健康。根据"1＋X"心理服务延伸工作机制,浙江省延伸配套矛盾化解、法律援助、帮扶救助,做到精准干预、消除风险,从而构建起以社会心理安全为目标、心理知识宣传普及为前端、心理问题监测预警为中端、高危人群精准干预为末端的"社会心理健康全程服务链"。

　　4.统筹推进机制,健全常态化机制

　　社会心理服务体系建设是需要多部门共同努力才能完成的项目。为确保社会心理服务体系建设有序进行、常态长效,徐砺和李禄俊认为,"可以成立社

---

①　张建荣、左新亚:《重大疫情防控下社会心理服务体系优化策略研究》,《社科纵横》2020 年第 5 期。

区发展基金会,申请公开募捐资格,培育社区的资本基础,鼓励社会多种力量支持社区心理健康服务体系的构建,通过物质和精神的双重激励来提高心理学工作者的积极性、荣誉感和社会地位,如设立专项课题研究基金、应用成果推广专项资金、突出贡献人才补贴或评优、优秀科研成果奖励等激励制度"①。同时,鼓励各地市开展专题研究,成立工作领导小组,设立专班,通过专题推进会、协调会、现场会等形式合力推进。最后,把试点工作纳入信访维稳周例会和月度平安例会,定期分析研判,跟踪督查,落实属地考核,把心理服务信息采集、预警干预等工作纳入平安考核。在对浙江省实地调研中发现,浙江省积极总结经验、吸取教训,在嘉兴市社会心理服务中形成了三大亮点。一是在全国率先探索制定了详细的三级平台建设标准和服务标准。二是建立学生心理服务互通共融机制,开展中小学生心理危机筛查与预警。三是建立"三社联动"社会工作机制,推进社区居民心理健康引导与管理。宁波、嘉兴等地区积极引导社会组织参与社会心理服务项目的研发,力求以市场化手段促其专业长效。这些举措极大发动了可以调动的力量,是对心理服务体系措施的一个良好补充,是对社会心理服务体系建设路径的丰富。

（三）现实困境

1.认识偏差:对社会心理服务的狭隘认知

首先,社会心理服务体系建设是中国本土的新概念,大部分地方政府领导、公职人员、普通民众,如果不能从此概念提出的背景来充分理解,则极易将其理解为"心理健康服务体系",在内容定位上表现出明显的"个体"和"心理健康"视角,通常试图从病理学和医学角度解决问题。目前,全国社会心理服务体系建设的实践基本上是在心理健康层面展开,如心理咨询、心理治疗、心理健康教育等活动。不管工作领导小组的文教卫副市长任组长,还是国家、省对各地三级社会心理服务平台建立的考核,还是专兼职心理服务工作者的配置,都过分强调心理咨询、情绪疏导所需要的空间、人员等。而社会心理服务工作

---

① 徐砺、李禄俊:《社会治理视野下社区心理健康服务体系的构建路径研究》,《绵阳师范学院学报》2019 年第 3 期。

者的心理健康专业知识也被列为重要评价因素，为服务对象提供的服务也侧重在心理健康指导、心理咨询甚至精神疾病等的治疗，这显然同"社会心理服务体系建设"从社会治理的高度出发去解决宏观的社会心理问题相悖。因此，社会心理服务体系不应只局限于心理健康层面，而应该回归社会治理层面。另外，即便从"心理健康服务"的角度出发，群众对心理健康服务也存在偏见，群众的心理"病耻感"使得他们对服务有一定的抵触心理。

2.人才紧缺：制约专业队伍的组建

社会心理服务时间长专业要求高，目前看来，既懂心理学、社会学，又懂实务操作的专业人员非常少。有学者指出，"我国目前能够提供专业服务的心理咨询师不到30000人，从业者专业水平参差不齐，是社会心理服务专业水平较低的一个直接原因"[①]。首先，对于地方政府公职人员来说，他们通常只接受粗浅的培训，再加上人员工作的调动及后续教育的跟不上，往往只能略通皮毛。其次，至于专业的人员，浙江省会城市杭州常住人口980.60万，心理咨询师1878人，社工4949人，这与西方发达国家每3000人就有一位心理咨询师，成熟的社区都会配有专业的保健医师、社区工作者和心理健康咨询师的距离有点大，目前浙江省社区心理健康服务人员远远不能满足群众需求。再次，从新生力量来看，如今的高校设立应用心理学专业的人才培训数量不足，每年只能提供少量的补给。外加我国心理健康服务专业人员职场培训和相关学历教育体系尚未建立，心理咨询师资格证近两年停考，即使是已取得三级或二级心理咨询师证书的人，但真正能开展实操的人数并不多。最后，目前市场上社会心理服务中介的良莠不齐，很难为社会心理服务提供可以支撑的人力资源，制约着社会心理服务体系人才队伍的发展。与此同时，精英俘获，即旨在为多数人而转移的资源被少数人占有的现象存在，县级政府有限的人才资源和专业队伍下沉到部分村庄，形成社会心理服务资源的多寡差序分布的格局，部分贫困落后的村庄缺失必要的心理服务人才等公共资源。

3.整合缺失：部门间协调机制薄弱

社会心理服务体系建设涉及多部门参与，工作中出现"多方"保障、"多维"

---

① 杨航、吴真：《我国社会心理咨询服务专业化发展的现状与路径》，《成都师范学院学报》2018年第12期。

建设、"多元"培育,但结果却因行政主体拥有的行政资源、人力资源和组织资源迥异,导致执行能力和现实成效呈现差异。社会心理服务体制建构面临的主要问题是疏导机制不完善和应急服务能力滞后①,社会心理服务体系"缺乏一套自上而下,分工明确,权责清晰的行政体系和协调机制"②。诚然,社会心理服务体系的建设需要政府各部门之间的协作与整合,但省市政府科层内横向部门存在政策弹性,在社会服务体系执行中并未高效协作,部门之间尚未建立"命运共同体、绩效共容体",这种现象如若得不到妥善处理,甚至会滋生部门政治,即部门博弈、部门不合作、部门碎片化。③ 工作中出现如特殊人群的基层管控,因卫健委的牵头介入,反而让综治、社事部门职责交叉不清,影响落实。平台建设没有标准化,影响社区心理干预模块纳入平安浙江建设信息系统和综治信息系统,影响信息的收集、流转与处置等。对此,如何打通部门间的信息共享、部门衔接,新旧资源融合,如何避免部门的"选择性"担责,真正使部门产生合力,坚持"一盘棋"思路,成为一个急需解决的问题。

4.统筹规划不足:长效机制不太健全

目前基本框架已经搭建,但社会心理服务体系还不健全,社会心理服务能力非常不足。浙江省基于服务群众,惠及更多群众的初心,大搞"阵地建设",然而,政府专项经费投入不足(除了试点经费,其他专项的财政保障力度不理想,地区间也不平衡)。诚然,社会心理服务体系项目建设惠及民生,但是不考虑政府财政压力,不分主次,抓主要矛盾的"一刀切"式建设,难以实现"以点带面"的均衡协调发展。此时,需要明确的是社会心理服务体系建设的重要环节是建立科学有效的工作机制,在政府、科研和教育机构、社会组织及心理服务需求人群之间建立合作渠道,形成高效的治理机制。浙江省出台社会心理服务试点工作方案,但由于我国社会心理服务体系建设仍然处在起步探索的阶段,浙江省与其他试点省份一样,普遍存在第三方服务平台的导入制度和标准没有实施细则,行业服务标准的制定不够清晰,行业监督、考核评估等不完善的问题。心理健康问题社会认同度低,再加上启动工作中较多地追求"高"标准,有

① 彭丽丽:《社会心理服务体系建设研究:回顾与展望》,《社区心理学研究》2021年第1期。
② 皮晚笛、幺鸿雁:《爱国卫生运动促进社会心理健康建设的探索》,《健康中国观察》2020年第8期。
③ 王清:《政府部门间为何合作:政绩共容体的分析框架》,《中国行政管理》2018年第7期。

"痕"性,"行政"化偏多,这些都影响此项工作的可持续推进和进一步提升。

四、讨　论

对浙江的社会心理服务体系建设的实际情况进行了评估后,结果表明,建设时间虽然不长,但成效已经有所显现,社会心理服务体系建设软硬件的启动,对把心理学的理念与方法应用于社会治理的理念的树立,起了很好的作用,客观上一些消极、风险事件也有所下降。但对照社会心理服务体系建设的"应然意涵",笔者认为当前的体系建设尤其在定位上偏向"心理健康服务体系",在工作思路上较多局限于"风险""管控",或者把社会心理服务的外延无限扩大等方面存在较为突出的问题。

(一)准确理解社会心理服务体系,要以严格为前提兼顾包容

社会心理服务体系是针对社会心理、社会心态、社会治理问题,视角在"社会""社会心理"而非"个体""心理健康服务",具体实施中不管是领导小组组长的任命、组员的选择,还是三级服务平台的服务对象、服务内容,都要与社会心态的培育、社会心理的疏导、社会预期的管理相符合,而非由心理咨询师、心理咨询室甚至精神疾病场所来包办。但基于当前已形成的"心理健康服务"倾向比较严重的执行模式,不妨以社会心理为核心,兼顾个体心理、心理健康服务,把社会心理服务体系建设看成一切有助于国民心理提高的体制、机制、手段和能力建设,这样在不失原则的基础上可以团结一切可以团结的力量,从而利于社会心理服务体系建设的推进。

(二)正确定位社会心理服务体系,要考虑长远发展,不拘泥问题

当前各地不管是综治牵头还是卫健委牵头的社会心理服务体系建设,都有大量针对"高危人群、重点人群开展心理援助服务",并"帮助特殊人群融入社会",关注性格孤僻人员、就业困难人员、流浪乞讨人员、农民工、空巢老人、留守儿童等重点人群的举措,这种"抓主要矛盾"把力气花在刀刃上,考虑投入产出比的思路是比较经济、高效的。我们除了要有这些风险意识外,更要有发

展的视野,要永远把人民对美好生活的向往作为奋斗目标,民众幸福是社会发展的目标,也是社会心理服务体系建设的目标。因此,工作思路不能局限于"风险防控",要考虑长远发展。

(三)创新推进社会心理服务体系,要处理有限功能与复杂问题的矛盾

面对一系列重大的社会治理问题,心理学能做什么? 社会心理服务的范围是哪些? 它能否起到主导作用? 心理学主要关注的是个人特质和情境因素,而社会心理服务面对的是更为宏观的社会层面,这基本是超越心理学或社会心理学的分析层次。[①] 因此如果过分地扩大社会心理服务的外延,就容易出现社会心理服务与社会治理的"两张皮",这与把治理中面临的社会问题"心理化",其实质都是社会心理服务与社会治理关系的错位。新时代,要充分认识心理学是一支重要的力量,只有在跟各学科有机结合和生动实践的基础上,社会心理服务体系建设这一国家层面的战略目标才更易实现。

(四)小结与建议

社会心理服务体系建设是一个根据社会发展的需要而持续更新完善的系统体系。从浙江样本看,我国社会心理服务体系建设工作虽然探索时间不长,但已经取得一定成效。与此同时,值得注意的是现实中遇到系列亟须解决的困难。建议政府层面做好顶层设计,明确谁来做、服务谁、怎么做。妥善解决当前工作中遇到的思想认知、人才队伍、权责分工、长效机制等系列问题;学术层面应加强理论研究,在建设实践中起到引领作用;各地要勇于探索,及时总结,便于相互学习和借鉴,共同打造共建共治共享的社会治理格局,提升人民的幸福感,同心共筑中国梦。

[①]　王俊秀:《社会心态:转型社会的社会心理研究》,《社会学研究》2014 年第 1 期。

团体心理辅导在党校宗旨教育中的应用研究

　　不忘初心、牢记使命，全心全意为人民服务是我党的根本宗旨。2018 年 5 月 20 日，中共中央办公厅印发的《关于进一步激励广大干部新时代担当新作为的意见》中指出，"要坚持严管和厚爱结合，激励和约束并重""要满怀热情关心关爱干部""关注心理健康"。① 2019 年 5 月，中共中央印发《中国共产党党员教育管理工作条例》，把"加强党的宗旨"作为党员教育的一项基本任务。② 而处于社会转型升级期的基层干部，普遍感到要求高、任务重、压力大、困惑多，党的十九大报告也明确提出，"要关心关爱基层干部，主动为他们排忧解难"。③ 在《2018—2022 年全国干部教育培训规划》中提到党校要抓好心理健康方面的知识培训。如何把宗旨教育与关心关爱干部有机结合，浙江绍兴市委党校率先试点，推出"团辅式"宗旨教育，即用团体动能的理念，把心理团辅的技术与方法应用于宗旨教育，使教育走心践行，关注干部的心理健康，促进干部成长，成效明显。

　　团体心理辅导这一心理辅导方式产生于欧美地区，于 20 世纪 90 年代传入我国。团体心理辅导是集体层面对群体成员的心理教育与管理，其所面向的对象不是单独的个体而是整个团体。在小组内部开展心理辅导教育，提升个人心理健康水平以及个人集体中的适应能力，解决个人在集体中的心理问题，使个体更好地融入集体，形成群体内共同的目标，塑造群体成员共同的意

---

　　① 中共中央办公厅：《关于进一步激励广大干部新时代新担当新作为的意见》，2018 年 5 月 20 日。
　　② 中共中央办公厅：《中国共产党党员教育管理工作条例》，2019 年 5 月 21 日。
　　③ 中共中央党史和文献研究院，编：《十九大以来重要文献选编（上册）》，北京：中央文献出版社，2019 年。

识。在加强党员教育的背景下,团体心理辅导运用到党校宗旨教育中。党校的"团辅式"宗旨教育,是指在党校授课教师的带领下,团成员围绕宗旨的某个话题,通过一定的活动形式与人际互动,相互启发、诱导,形成团体的共识与目标,进而改变成员的观点、态度和行为。其实质是把团体动能、学习金字塔、认知行为等理论,以及团体心理辅导的技术与方法应用于宗旨教育,使宗旨教育真正走心践行。

一、党校开展"团辅式"宗旨教育的作用

(一)"团辅式"宗旨教育,增强了干部学习的知、信、行

团体心理辅导,是在团体的情境下进行的一种心理辅导形式,通过团体内人际交互作用,促使个体在交往中观察、学习、体验,认识自我、探索自我、调整改善与他人的关系,学习新的态度与行为方式,以促进良好的适应与发展的助人过程。与团体心理辅导相关的理论有学习金字塔理论(cone of learning)和认知行为理论。前者于 1946 年由美国学者埃德加·戴尔(Edgar Dale)提出,该理论形象地展示出学生通过不同的学习方式在两周后平均留存在大脑的知识比例,用数字形式展现不同学习方式与学习效果之间的关系。这一理论给予的启示是学生应该主动学,要动用脑、手、口、耳多种器官综合参与学习。①按照学习金字塔理论,这种活动中强调"示范""讨论"的学习方式,组内成员相互交流、相互作用,干部在观察中学习,在体验中认识,通常比普通的讲授式"灌输",更能促进学员全身心参与及日后的巩固,这种团体心理辅导的培训方式更容易被干部所接受,其培训效果在某种程度上优于个体化的心理辅导方式。20 世纪 60 年代心理学家朱迪斯·贝克开创认知行为疗法(CBT),他认为人所体验不到的情感,皆是来自人对自身经验的解读方式。认知行为理论认为,人的情绪、行为及生理反应受他们对事件的看法或想法的影响,即事件本身并不直接决定情绪和行为,而是人对事件本身的看法决定了在同样情境下

① 姜艳玲、徐彤:《学习成效金字塔理论在翻转课堂中的应用与实践》,《中国电化教育》2014 年第 7 期。

出现的不同情绪和不同行为反应。因此要改变不良情绪，需要识别情绪背后的自动思维。[①] 基于认知行为理论，党员干部团体心理辅导通过真实感受与表达内心真实的状况，通常能帮助人克服、改变不良状态，寻求新的良好的稳定状态的建立，促进党员干部认识自己、探索自我、调整人际关系，帮助干部认识情绪产生的原因，解决相似的心理困扰与共性的情绪困惑，从而提升干部的心理弹性和心理机制，培养健康的心理品质，更好开发干部自身的能力。可见，团体心理辅导，在宗旨教育中的知、信、行上起了很好的助力作用。

（二）"团辅式"宗旨教育，提升了干部的政治责任、自觉意识和履职能力

中国共产党作为当代中国最高政治领导力量，肩负着政治责任。2019年，党中央开展"不忘初心、牢记使命"的主题教育活动，让全体党员深刻了解其肩负的政治责任和历史使命，从而为更好实现党的目标艰苦奋斗。从历史演进的角度来讲，中共党史是一部广大党员干部为中国人民谋幸福、为中华民族谋复兴而不断奋斗的历史，而党员干部的政治责任、自觉意识和履职能力不管在革命年代，还是建设年代都是重要的保障与支撑。从理论上说，党的政治责任是由马克思主义政党的性质和特殊使命决定的，中国共产党作为社会事业的领导核心，既要履行其对人民群众承诺的政治责任，也要督促落实党员对党组织的政治责任。[②] 如今，"团辅式"宗旨教育，即用团体心理辅导技术开展宗旨教育，对于拓展和丰富宗旨教育的载体、资源和实现手段具有理论和实践的指导意义。如结合"不忘初心、牢记使命"主题教育，选择经典案例，通过"精准施教""案例研讨""经验分享""感悟心得"等方式，在党员干部中从"心"开始加强党性党风教育，传承党的优良作风，培养锻造党员干部的重要职责和光荣使命，为党员干部"充电"。在"团辅式"党宗旨教育下，在学习与心理健康疏导中提高为人民服务的能力素质，提高全心全意为人民服务的政治觉悟，强化为人民服务的担当精神。针对现实生活中不断满足民众日益提高的需求，党员干

---

① 朱迪斯·贝克：《认知疗法基础与应用》，张怡、孙凌、王晨怡，等译，北京：中国轻工业出版社，2020年。

② 卢震：《党章视域下中国共产党"政治责任"演进历程及经验》，《哈尔滨市委党校学报》2020年第5期。

部在培训教育中要认清自身的需求与发展状况,在开拓思路、创新方法、破解难题上有所突破,在自我教育与组织教育中实现为人民服务的价值追求,坚持常学常新、常悟常明、常做常进,从而为新时代党、国家和人民锻造一批"想干事、能干事、干成事"的党员干部。

(三)"团辅式"宗旨教育,强化了干部心理健康教育的专业性与导向性

基层公务员承担着联系政府与群众的重要桥梁作用,其工作态度与工作行为直接关涉到政府的行政绩效以及政府的公信力与合法性。政治新常态下,基层公务员的职业倦怠程度持续升高。[①] 干部心理健康问题引发社会关注。2011 年,中纪委、中组部联合下发《关于关心干部心理健康提高干部心理素质的意见》。关心关爱干部是我们党的优良传统。习近平总书记在十九大报告中就明确指出,要"坚持严管和厚爱结合""建立激励机制和容错纠错机制""要关心爱护基层干部,主动为他们排忧解难"。[②] 中办印发的《关于进一步激励广大干部新时代新担当新作为的意见》也明确指出要满怀热情关心关爱干部,各省市文件也相应出台。培养干部良好的心理素质,保持干部健康的心理状态,既是干部切实履职、不断提升执政能力的客观要求,同时也是干部健康成长和家庭幸福的现实需要。而宗旨教育中初心、使命感的增强,能有效应对心理压力、职业倦怠、认知挫折,能提升工作投入度、成就感、幸福感。

干部心理健康是影响干部绩效发挥的重要因素,但早前党建意识不够,党建引领心理援助工作的作用发挥不充分,并且对关心关爱干部工作的重视程度不太高,定位不太清晰,党建引领干部心理援助工作作用发挥尚显不足,采取的"零散化"的模式无法真正起到帮扶作用,从而制约着党员干部的工作成效。[③] 面对组织内部培训较弱造成的干部心理健康状况欠佳的问题,党校开展"团辅式"宗旨教育,活动的设计注重政治导向性、为民的利他性、担责的进取

① 于刚强、虞志红、叶阳澍:《政治新常态下基层公务员职业倦怠实证研究——基于珠三角 3 市的问卷调查》,《学术研究》2017 年第 5 期。

② 中共中央党史和文献研究院,编:《十九大以来重要文献选编(上册)》,北京:中央文献出版社,2019 年。

③ 中共浙江温岭市委组织部课题组:《基层干部心理援助问题研究》,《领导科学》2017 年第 16 期。

性,这些增强了团体心理辅导的政治思想导向,为在党员干部中开展心理健康教育提供了具体的内容,充分发挥了宗旨教育中的德育功能。它同时也是宗旨教育和心理健康理论与实践结合的很好典范,填补了党校此领域教研的空白。

二、党校开展"团辅式"宗旨教育的应用探索

(一)"团辅式"宗旨教育

宗旨教育是党校的基础教育工作,是党校落实立德树人根本任务的关键节点,为各项工作的顺利开展提供重要的支撑与保障。团体心理辅导作为宗旨教育有效实现的新路径,是以团体动力学、认知行为理论等为基础,运用人本主义教育理念,在团体情境下,通过与学员共情而开展的一种心理辅导形式。美国心理辅导专家格拉丁(Gladding)表示,在帮助那些有着类似困扰和问题的人时,团体辅导是一种经济而有效的方法。主体班次围绕特定的党员干部开展,培养对象有着清晰明确的共性特征。团体心理辅导面对的学员的年龄阶段、生活经历、职业发展具有一定的相似性,凭此组建团体,促进团体内成员相互沟通、观察、体验,并通过设置"不忘初心、牢记使命""新时代干部正向力提升""党员干部的'心性'重塑""干部自我赋能新途径"等不同的主题活动来实施教育教学。活动中如"红色影院""重温誓词""点滴感悟"等环节与学员共情共悟,教学淡化与隐匿了理论性与学习性,主要突出活动的共同投入与目标的共同完成,是学员间、师生间互相触发的教学模式,是学员认识自我、探讨自我、接纳自我,积极调整、改善与他人的关系,将个体调整到较好的适应过程。"团辅式"宗旨教育通常能深入讲授式等传统的宗旨教育无法触及的个体教育,从个体、微观层面实现群体、系统良性发展。

(二)"团辅式"宗旨教育中教师和学员的地位、作用

党校教师高度的教育使命感和责任感是其切实履行为人民服务宗旨意识的内在要求。党校教师需要搞好理论武装和党性教育,在党校教育特色的基

础上开展"团辅式"宗旨教育。教师作为"团辅式"宗旨教育工作的倡导者,主要通过活动设计,来对学员进行思想引导、行为指导、过程跟踪等工作,对学员进行"管"和"理"。为确保教育工作的有效性,活动设计要充分考虑学员的人数、男女比例、年龄分布、岗位层次、文化程度、婚姻状态、彼此间的熟悉度,是否参加过类似的团辅等。在目标设置中,要考虑组织需求、岗位需求、个人需求,构建自我成长、压力管理、管理者提升、人际沟通、家庭关系等课程体系。教师要在规划、整合、设计工作程序中,找教育的突破和抓手。

党校宗旨教育的对象是学员,教学效果由学员来体现,他们是课堂的主体。党员干部到党校学习,主要任务是学习党的理论、接受党性教育,其中的理论教育是根本,党性教育是关键,强化为人民服务的宗旨意识是党性教育的核心。党校始终把为人民服务的宗旨意识教育作为党性教育的核心内容,贯穿在党员干部的培训过程中。在"团辅式"宗旨教育的模式下,引领党员干部深刻领会中国共产党宗旨教育的精神实质和丰富的内涵。与此同时,党校作为干部教育培训的基地,以团体为单位展开心理健康教育主体班次培训,在相对集中的时间里应对由党员干部群体工作和责任重而引发的心理问题。学员通过深入参与活动的每个环节,自主获得知识,通过观察、比较、思考、交流,发现问题,寻找问题的解决途径。这些通常不是简单的发言、表态机械地走个流程,而是发自内心的认知更新与反省。

(三)"团辅式"下的宗旨教育建设

当前我国正处在新的历史发展阶段,在新的历史条件下,面对社会利益关系的复杂化、社会矛盾的多样化,要求领导干部担任新的使命,要"敢于啃硬骨头,敢于涉险滩"。思想文化的多元化,对党员干部的价值观和政治信仰造成了强烈冲击;社情民意的复杂化,对党员干部的专业素养和业务能力提出了更高的要求;生活节奏的加快、社会环境的变化以及工作压力和人际关系等问题,使得党员承担的任务与责任更加繁重,如"五加二、白加黑""本领恐慌""工作倦怠"等,上述现象与影响因素在党员干部的日常工作中时有出现,给党员干部的身心健康带来负面影响。针对中共浙江温岭市委组织部课题组基层干部心理援助问题的研究发现,高标准、高强度的工作,对政绩追求以及人际关系处理等使得一些党员干部出现强迫症、注意力与记忆力降低、自我怀疑等情况；一些干部甚至饮食和睡眠质量出现问题；一些干部出现抑郁症状，表现为情绪苦闷、悲观消极、生活动力不足、自我怀疑等。新时代党和国家的各项工作任务对干部队伍素质提出了新的要求。

（四）"团辅式"宗旨教育在党员干部中的建设

一方面，要通过宗旨教育，使学员真知、坚信、笃行。真知：对历史和现实两个维度中党情、国情、世情、省情、市情中党员干部应知的理论知识，能知其然，并知其所以然。坚信：坚定对马克思主义的信仰，对中国特色社会主义的信念，对实现中华民族伟大复兴中国梦的信心，并且使学员认识到坚定信仰对于党员领导干部所具有的现实意义。笃行：按照新时代党员领导干部的要求，真正做到干事、担当和干净。深刻理解并践行：干事就是想干事、肯干事、敢干事、会干事、能干事、干成事；担当就是甘于担当、敢于担当、勇于担当、善于担当；干净就是时刻做到自重、自省、自警、自励，最后能够在干成事后"不出事"。另一方面，党校教育关注干部的心理健康状况，通过团体式心理辅导，将宗旨教育灌注到党员干部身体与理念中，积极开展干部心理健康培训，利用心理学的知识，引导干部认识和解决相似心理困扰和困惑，受学员喜欢。如 2019 年县处级进修班、科级干部示范班、选调生班、公务员更新知识班等九个主体班次和新疆阿瓦提"援疆"班、安徽黄山区"一把手"班、山东省直机关年轻干部班等 12 个外培班次开展团辅心理辅导，深受学员欢迎与好评。

三、党校开展"团辅式"宗旨教育的思考

（一）构建整体格局

在服务型政党建设中，要使党员干部牢固树立、深入践行宗旨教育，不仅要强调和突出宗旨意识教育的重要性和必要性，而且要把宗旨教育作为一项

长期性、系统性的工程来抓。① 在此，要以整体性思维推动"团辅式"宗旨教育。把宗旨教育纳入党员干部队伍建设重点工作，做好顶层设计，做好谋篇布局。例如，在打造干部心理健康关爱中心时，通过服务中心牵头统筹资源、搭建团队、培训师资、制定课程。如早在 2018 年底绍兴市委党校就在绍兴市组织部的倡导下建立绍兴市干部心理关爱中心，开展特色"团辅式"初心使命教育，建立"团辅式"宗旨教育工作的联动机制，建立党委统一领导、党校各部门各司其职、社会协同配合的工作格局，推动办好"团辅式"宗旨教育。

（二）优化课程体系

开展适合党员干部的"团辅式"宗旨教育项目。构建党员干部心性塑造系列、新时代干部正向力打造系列、自我赋能系列、压力管理系列等课程，活动设计时要考虑团体心理辅导与宗旨教育的有机整合，兼顾两种成长教育活动的基本要求。在培训课中点面结合，课程设计以"科学性与人文性相结合、普适性与针对性相结合、宗旨教育与心理发展相结合"为原则，在团体心理辅导课程培训过程中关注个别党员干部的心理健康状况，"因材施教"，做到合理引导与教育。但在面向广大党员干部时，培训课程的制订应具备一般化、普及化、高适应性的标准与要求，满足大多数党员干部的心理和个人发展需求。② 要考虑教育的社会价值与个体价值的统一，纠正长期对党员干部的教育重社会需要、他人需要，轻个体需要、内在需求，在考虑党员干部为整个经济社会发展服务的同时，注重自我需求，开发自我潜能，为实现自我价值而服务，努力使两个价值有机统一。党校在课程设计上将团体心理辅导与为人民服务的宗旨意识相结合，将团体心理辅导作为党员干部培训课程之一，应将其纳入干部教育主体班次的课程体系中，根据班干部的年龄、发展阶段、性格特征等开展系列课程，包括讲座、心理团辅、心理运动会等形式。目前党员干部心理团辅课程体系的开发尚处在发展阶段，仍未成熟，但是在党员团辅时要考虑宏阔历史与深

① 刘玉成：《强化宗旨意识：把握党校党性教育根本属性的价值圭臬》，《中共云南省委党校学报》2020 年第 3 期。
② 林鸢飞、潘学胜：《关于党校开展以团体辅导为主要形式的干部心理健康教育培训的思考》，《世纪桥》2019 年第 9 期。

邃现实的结合,真理的制高点、道义的制高点、精神的永恒性只有赋予时代的内涵,才能与时代的价值观符合,与时代的道德发展方向一致,如"重温入党誓词""红色影院""榜样示范""从政交流""热点难点研讨"等活动,激发学员共鸣共感共行。

(三)加强师资培训

办好"团辅式"宗旨教育的关键在教师。要加强对教师的理论、技巧、计划、个人成长、伦理等培训,使其不仅具备宗旨教育教师的"政治要强、情怀要深、思维要新、视野要广、自律要严、人格要正"的基本素养,同时具备团体心理辅导教师的基本要求。在党员团体心理辅导课程阶段,党校教师向名师专家吸取团体心理辅导的相关经验,并将"团辅式"经验纳入党校党员干部宗旨培训中,从而充分发挥"团辅式"宗旨的教育、发展、预防与治疗功效。如绍兴市积极组建专业队伍,聘请全国、省、市级知名高校、医院、专业机构的资深专家作为本校专家团队,并派校中心教师积极参与专家团队的调查研究、教研项目。与此同时,党校教师了解心理学相关知识,掌握心理咨询和心理调节的技巧与方法,了解党员干部现阶段密切相关的话题,包括人际沟通、婚姻关系、妻子关系等,努力打造一支政治素养高、师德建设强、专业功夫实的专职为主、专兼结合,数量充足、素质优良的教师队伍。绍兴市干部心理健康关爱中心探索多层次组建模式,积极搭建一支集宗旨教育教师基本要求和心理学教师基本素养于一身的优秀师资团队。培养骨干团队,目前有本级党校教、辅人员七人,着力通过访学进修、挂职锻炼选派、学术交流等提高教研能力,同时联合党校系统省、市、县(市、区)三级相关教师,共同切磋提升。壮大兼职团队,把有心理学或党建专业知识的社会人士、专业服务机构人员纳入兼职队伍,提供多元化服务,与党校教研人员形成优势互补,增强实践性与可操作性。

与此同时,要注意党校教师的言行在某种程度上代表着党的形象,教师在课程讲解中要突出党性教育理论的内容,搭建党员的思想信念与党员的行为态度之间的桥梁。党校教师更要在自身行动中,引导学员凭借极强的宗旨意识和健康的心理状态提升自身的政治觉悟,强化党员干部为人民服务的宗旨意识,确保党和人民群众保持密切的联系。

(四)完善评估机制

在党员干部中开展"团辅式"宗旨教育,具有它自身的综合性、系统性和动态性,因而在评估中要遵循准确性与及时性、客观性与全面性、定性与定量、静态与动态相结合的原则,不仅要评估教育工作者、实施成效,还要评估工作机制、实施过程等。首先,要完善党员干部在宗旨教育时考核的指标体系,建立健全党性教育清单等加强对学员的监督和激励,加大对党员干部在培训期间表现的考核力度,全面考核评价党员学习的态度和表现、理论知识掌握程度、党性修养和作风养成情况等。① 其次,针对党员干部在现阶段的心理状况制订党员干部心理健康档案,比如通过第三方服务机构,系统性、专业性收集测评党员干部的性格特征、气质类型以及能力特点,动态、持续地监控党员干部的心理健康状况。或者,运用心理量表和分析工具自主对干部进行心理测评,既保证了测量的效率,又能对测评结果严格管理、谨慎使用,帮助党员干部及时了解自己心理健康水平。与此同时,评估教育工作者在阶段培养的效果,从而更好地掌握教育动态、驾驭教育过程。再次,要建立健全监督机制,为加强党员干部宗旨教育和心理辅导提供必要的支撑和保障,借助内外相互监督的方式不断推动宗旨教育与心理健康辅导的有序开展。最后,要注意干部团体心理辅导尚处在探索时期,培训初期是"全覆盖""无差异""粗放式"教学的摸索阶段。在调整教育方案、优化教育结构后,干部心理培训逐渐精细化,注重"个体"与"小部分群体",评估体系的建立与完善,及时提供课程效果反馈,形成合理的课程分层梯度,确保干部团体心理培训的有效性,促进教育目标顺利实现。

"成为一个好干部,一靠自己努力,二靠组织培养。"团体心理辅导是党校开展宗旨教育的新路径,这种重主体、重互动、重情感的活动模式,淡化与隐匿了教学过程中的理论性、学习性,靠的是活动中共同的投入与目标完成,来感、来悟、促行,增强了宗旨教育的感染力和实效性,落实"严管厚爱",关心关爱干部的心理健康问题,打造干部团体心理健康辅导的有效机制,为干部培育提供

---

① 刘玉成:《强化宗旨意识:把握党校党性教育根本属性的价值圭臬》,《中共云南省委党校学报》2020年第3期。

服务。在干部心理培训过程中,实现心理健康培训和党性锻炼的良性互促,使干部心理健康培训既有关心关爱的温度,又有党性锻炼的力度,实现"严管"与"厚爱"有机结合,这是未来党员干部团体心理辅导培训值得探索的重要课题。

关于举办地市级活动周的调查及建议

——以浙江省绍兴市为例①

近两年,绍兴市聚焦更高水平打造全省高质量发展重要增长极这一目标,强化战略引领,全面提升对外开放层次和水平,以"绍兴周"系列活动为载体,奔赴杭州、宁波、深圳、北京、西安、成都、上海、香港等地推介。截至 2020 年 11 月底,已举办九场绍兴周,促进了多领域、各层面广泛合作交流,成效明显。

一、立体推介城市品牌,美誉度提升显著

各城市通过绍兴周,全面展示发展成果,立体展示绍兴形象,推介城市品牌,擦亮城市名片,城市的知名度和美誉度提升显著。绍兴市党政领导等参会人员全方位多层次推介绍兴现代产业、城市、文化、生态体系建设成果,着力阐述绍兴全力打好以"两业经""双城记""活力城"为主要内容的高质量发展组合拳所取得的新成效,展示绍兴厚重的历史、现代的气息。相关承办部门提供的数据显示,每场绍兴周平均有 500 位嘉宾,4000 位参观人员,而绝大部分民众是从各大媒体获取绍兴周相关信息的。从媒体报道看,绍兴周期间关于绍兴周活动平均有 125 家媒体和 427 篇报道,网民日均点击量超 3 万次,最高的一天为香港·绍兴周主旨大会,当天点击量接近 10 万次。初期的绍兴周,日均点击量 3 万次左右,绍兴周开展一段时间后,其日均点击量在 4 万~5 万次之间,呈明显上升趋势。而从民众获取绍兴周信息的平台看(见图 24),新媒体和传统媒体全覆盖,APP、微信、微博等新媒体成为民

---

① 曾刊登于绍兴市社会科学界联合会、绍兴市社会科学院《社科要报》2020 年第 20 期。

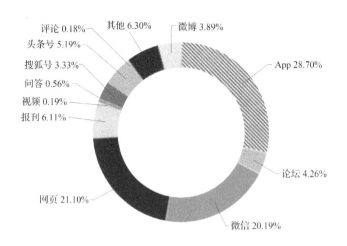

图 24 民众获取绍兴周信息的平台

众首选渠道,这也充分体现了宣传的即时性、互动性。美中不足的是,短视频阅读量偏低,这与当下短视频热潮不匹配,原因很有可能是忽略了短视频摄制和点睛式传播。立体的推介下,民众对绍兴的了解不仅是原先历史名城的概念,更对绍兴这座现代化城市有了进一步了解,扑面而来的现代化气息也使得绍兴的美誉度大幅提升。通过大数据挖掘和人工智能深度分析,发现网友对绍兴周的正向情感占比明显提升,从初期的 4.00% 上升到近期的 45.00%,中性情感占比下降明显,负性情感始终为零(见图 25)。

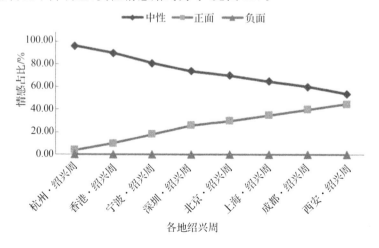

图 25 各地绍兴周民众情感属性分析

二、主动展示发展诚意，合作融入成效明显

从山水相连、人文相亲、产业相融等着手，绍兴与绍兴周举办城市相识、相知、相认、牵手合作，有的是绍兴现场的，有的是绍兴周后的延续。通常，经过前期的商讨、对接和洽谈，在绍兴周期间都推介发布了一些重大平台项目，涵盖交通、城市战略、优势产业、科技人才、公共服务、基础设施、民生社会等各个方面，签订了一系列与绍兴合作的协议（见表42）。据相关承办部门提供的数据，有三个绍兴周期间签约超200亿元。绍兴周上的推介会、实地考察、现场签约等环节，环环相扣，互为增信，推介会使举办地更了解绍兴目前的状况、未来的方向，实地考察又为双方的合作加深了解、增加了信任，交心才有交易，这为签约奠定了良好的基础。更重要的是，很多项目也往往由会促签，就如绍兴发展大会、绍兴市政府与浙江大学的战略合作一样，由于发展大会召开在即，签约在即，倒逼绍兴市科技局与浙江大学密切洽谈，提高效益，加快合作进程，这样的例子在绍兴周也不少。通常，绍兴周结束了，绍兴周上认识的乡贤、朋友合作继续。如2019年6月宁波绍兴周期间，绍兴市黄酒行业协会领导在展会上与宁波吉林商会会长相识，最后促成了吉林省古越黄酒文化发展有限公司在2019年8月成立，公司旗下的古越龙山黄酒品鉴馆于同年10月7日开业，总面积300余平方米，总投资280万元，开业第一年，黄酒销售额已达近200万元。更重要的是，通过北京、上海、杭州、宁波、深圳、成都、西安等关键城市的"绍兴周"活动，建立更紧密的城市联结及区域联动，为绍兴更好地融入京津冀一体化、长三角一体化、粤港澳大湾区、成渝经济圈等国家战略奠定良好基础。

表 42　各地绍兴周合作项目及协议投资额

项目	杭州·绍兴周	香港·绍兴周	宁波·绍兴周	深圳·绍兴周	北京·绍兴周	上海·绍兴周	成都·绍兴周	西安·绍兴周
合作项目个数/个	16	9	3	12	17	11	24	6
协议投资额/亿元	105.0	9.2	1.1	303.0	164.0	225.0	289.5	61.1

三、积极联动主动作为,干劲干事上新台阶

为保证各地绍兴周合作顺畅,筹备组要发动各方力量,整合各种资源,要跟举办城市的领导、专家、乡贤、商会、企业等多次商研,要与本市各局办、单位对接,要取得各县市的支持,要广泛发动一切可以发动的力量,步调一致,上下呼应,尽最大可能保证绍兴周的高质量举办。这无疑更有合作共事的氛围,尤其提升了一些中小局办主动投入、积极作为的意识和能力,提升了干部抓落实、勇于直面问题,不断解决问题、破解问题的能力。上海、北京两地举办的绍兴周,不时听到一些与会嘉宾谈起"没想到绍兴这个小城市,举办的会展跟我们一线城市差不多",更有圈内人士指出:"绍兴发展大会、绍兴周等的举办,让绍兴的会展能力提速了 10 年。"绍兴的营商环境也随之提升,激发各地知名人士、乡贤热爱家乡、回馈家乡的激情。

为进一步提升绍兴周的有效度,建议如下。

(一)要更精准展示、更广泛发动

建议各地绍兴周的举办,要针对不同城市发展特色,掌握对方城市"有什么,要什么",绍兴"缺什么,给什么",制订更有针对性的活动方案。相较上海、杭州、宁波这样人文地缘自然亲近的邻近城市,成都、西安相对距离较远,更要结合城市发展,全面展现要素禀赋"差异之美、协作之要"。比如,成都虽地处中西部,但拥有丰富的金融资源,在"全球金融中心指数报告(GFCI 28)"中位列全球第 43 位,正在提速建设西部金融中心,推动上交所、深交所、新三板西部基地加快建设,推进区块链知识产权质押融资服务平台建设,总体而言,当地金融资源较之产业资源更为集聚丰富,建议可以更深入地开展资本合作。要更广泛地宣传,更深入地对接,要发动落地城市的更多部门、企业、项目、群众参与到活动中。绍兴周期间,可以联合当地更多的媒体,增加宣传度,并请当地有针对性的力量组织参观;活动周期间,可以多增添一些互动类项目,多创造一些适合新媒体如抖音等传播的网红节目,以提高当地群众的参与度和绍兴产品的影响力。

(二)要更长久对接、更持续见效

活动结束后,要持续对接落地城市、签约项目、授牌基地、各领域知名人士和乡贤,要把绍兴周活动成果更好地固化、深化。绍兴周,把一些乡贤、知名人士集聚,不能因活动结束而再度失联,要趁热打铁,各地的绍兴周只是我们相识相聚的开始,持续地携手才是我们最终的目的。同时要订制、推送能反映古今绍兴精华的图册、视频等适合新媒体传播的形式,来宣传绍兴,丰富他们只停留在鲁迅笔下的绍兴印象。特别要指出的是,绍兴周期间通常有不少签约项目,据一位业内人士分析,目前的签约项目,基本分为三类:一是战略合作性协议,主要向外展示绍兴城市能级,这些协议要深化;二是框架性协议,关键要打算怎么进一步合作,如何落地;三是正式落户类协议,这类协议要多实点、少虚点,切记不能"走形式""演戏",要特别注重落地的跟踪和考核。另外如在一些落地城市授予的如"招才引资基地""文化旅游基地",对这些基地的权利和义务要细化,对这些基地的指导和回访要派专人负责对接,要持续深化,争取真正发挥桥梁和纽带作用。

(三)要更客观评价、更务实完善

建议对每次绍兴周活动进行总结、回访,建立与活动开展机制对应的常态化评价评估机制。通过活动落地之后半年内的反响反馈,对活动支出情况、活动影响、项目落地、经济社会效益情况建立全方位科学评估,并形成对下一年活动的有益指导和建议。建议在评估基础上,对下一年活动的频率、城市选择、方案制订、项目确定、承办单位等进行优化完善。如耗资不菲的绍兴文化、产业特色的展馆,地址的选择就值得好好评估。是选在地处偏远的当地城市会展中心呢,还是选择在交通便捷的城市中心? 前者通常空间大,有气派,适合领导巡视,但普通人很少光顾,实效性相对不高。而那些选择在城市中心的,由于空间有限,镜头感似乎缺了点高大,但当地群众光顾率很高,譬如西安·绍兴周,展馆设在西安城市广场,当地居民临近展会结束还恋恋不舍,希望展馆能继续保留一段时间。西安·绍兴周也是截至目前,网民正向评价最高的一次绍兴周。总之,要建立科学的评估体系,更经济高效地打造"绍兴周"品牌。

参考文献

中文文献

[1]白春阳:《社会信任的基本形式解析》,《河南社会科学》2006年第1期。

[2]毕重增:《社会心理服务中的对象化和主题化及其整合》,《心理技术与应用》2018年第10期。

[3]常蕾:《构建基于胜任力的领导干部管理体系的方法与价值》,《社会科学战线》2013年第10期。

[4]陈刚、李树:《政府如何能够让人幸福?——政府质量影响居民幸福感的实证研究》,《管理世界》2012年第8期。

[5]陈家喜:《地方官员政绩激励的制度分析》,《政治学研究》2018年第3期。

[6]陈莉莉、杜洺君:《"十四五"时期完善湖北重大突发公共事件的心理疏导机制研究》,《社会科学动态》2020年第8期。

[7]陈文春、陈桂生、张霁星:《新生代公务员的职业认同及其形成机制》,《中国人事科学》2019年第3期。

[8]陈雪峰:《社会心理服务体系建设的研究与实践》,《中国科学院院刊》2018年第3期。

[9]陈新明、萧鸣政:《公共危机下地方党政领导干部的综合治理能力及其提升路径研究》,《领导科学》2020年第7期。

[10]陈艳红、程刚、关雨生:《大学生客观社会经济地位与自尊:主观社会地位的中介作用》,《心理发展与教育》2014年第6期。

[11]曹现强、李烁:《获得感的时代内涵与国外经验借鉴》,《人民论坛》2017年第2期。

[12]大岩俊之:《实用性阅读指南:把读到的知识转化成能力》,陈怡萍,译,南昌:江西人民出版社,2017年。

[13]段永亮、韩锦:《基于胜任素质模型的处级领导干部培训课程体系构建与实践》,《教育现代化》2016年第3期。

[14]傅小兰:《加强社会心理服务体系建设》,《人民论坛》2017年第2期。

[15]费孝通:《乡土中国》,上海:华东师范大学出版社,2018年。

[16]冯亚娟、祁乔、侯莹莹:《知识共享对员工安全绩效的跨层次影响研究——一个链式中介模型》,《安全与环境学报》2020年第5期。

[17]郭晟豪:《基层干部的担当作为:基于角色认同中介的动机与行为关系研究》,《公共管理与政策评论》2021年第1期。

[18]龚维斌:《应急管理的中国模式——基于结构、过程与功能的视角》,《社会学研究》2020年第4期。

[19]高岩、吴耀武:《高校辅导员工作压力分析及其调适——基于陕西省高校样本的实证研究》,《湖北社会科学》2015年第8期。

[20]何斌、孙笑飞:《基于胜任力的培训需求分析及其应用》,《企业经济》2004年第1期。

[21]胡德鑫:《教育程度对我国城乡居民幸福感影响机制研究——基于中国社会综合调查CGSS 2013的数据》,《当代教育科学》2017年第11期。

[22]胡江霞:《党性修养与党员干部角色意识的完善》,《湖北社会科学》2010年第9期。

[23]胡月星:《提升基层干部工作满意度的几个关键因素》,《人民论坛》2020年第31期。

[24]胡月星、袁书杰:《基层领导干部的压力状况与应对策略》,《中国党政干部论坛》2017年第6期。

[25]侯晋雄、袁冬梅:《增强机关党员的党员意识与先锋意识——基于重庆的调查与思考》,《中州学刊》2017年第5期。

[26]贺文琴:《论人力资源开发与管理中的"冰山模型"——基于高校职员培训实例分析》,《管理观察》2016年第14期。

[27]何艳玲、李妮:《为创新而竞争:一种新的地方政府竞争机制》,《武汉大学

学报》2017年第1期。

[28]韩自强:《应急管理能力:多层次结构与发展路径》,《中国行政管理》2020年第3期。

[29]姜丽群、郭昕:《私营企业家主观社会地位感知对社会责任表现的影响研究——基于性别差异和企业发展环境的调节作用》,《软科学》2021年第7期。

[30]姜艳玲、徐彤:《学习成效金字塔理论在翻转课堂中的应用与实践》,《中国电化教育》2014年第7期。

[31]蒋晓丽、邹霞:《社会风险放大的新型场域——基于技术与文化的视角》,《上海行政学院学报》2015年第3期。

[32]林东慧、刘本扬、吴晓靓,等:《基于社会认知理论的学校生涯教育活动研究》,《第二十届全国心理学学术会议——心理学与国民心理健康摘要集》,2017年。

[33]莱尔·史班瑟、幸格·史班瑟:《才能评鉴法:建立卓越的绩效模式》,魏金梅,译,汕头:汕头大学出版社,2003年。

[34]林宏伟、王少波:《民企力量浙商担当——浙江省工商联组织企业抗击疫情献爱心纪实》,《中华工商时报》,2020年3月31日。

[35]林鸢飞、潘学胜:《关于党校开展以团体辅导为主要形式的干部心理健康教育培训的思考》,《世纪桥》2019年第9期。

[36]刘帮成、陈鼎祥:《何以激发基层干部担当作为:一个战略性人力资源管理分析框架》,《公共行政评论》2019年第6期。

[37]刘崇瑞、徐东华:《基层公务员压力疏导问题研究》,《行政管理改革》2020年第8期。

[38]刘小燕、李泓江:《风险社会与中国舆论治理观念的调适》,《当代传播》2020年第3期。

[39]刘云:《基于胜任力模型的干部队伍教育培训研究》,《中国成人教育》2016年第22期。

[40]刘玉成:《强化宗旨意识:把握党校党性教育根本属性的价值圭臬》,《中共云南省委党校学报》2020年第3期。

[41]李朝波、梁靖宇:《领导干部心理工作环境及其影响机制实证研究——以税务系统 679 名科处级领导干部为例》,《领导科学》2018 年第 5 期。

[42]李丹阳、陶明达:《社会心理服务体系的建设与运行研究》,《湖北理工学院学报》(人文社会科学版)2019 年第 6 期。

[43]李更生:《基于胜任力及其模型建构的教师培训师学习与培训》,《教育发展研究》2014 年第 18 期。

[44]李华强、韩译萱、范春梅:《雾霾危机情境下应该如何应对?——基于高阶与低阶应对行为分类的视角》,《中国行政管理》2017 年第 6 期。

[45]李金珍、王文忠、施建农:《积极心理学:一种新的研究方向》,《心理科学进展》2003 年第 11 期。

[46]李利平、王岩:《坚持共享发展:提高全民获得感的对策》,《人民论坛》2016 年第 30 期。

[47]李儒林、张进辅、梁新刚:《影响主观幸福感的相关因素理论》,《中国心理卫生杂志》2003 年第 11 期。

[48]李纾、刘欢、白新文,等:《汶川"5·12"地震中的"心理台风眼"效应》,《科技导报》2009 年第 3 期。

[49]李小敏、胡象明:《邻避现象原因新析:风险认知与公众信任的视角》,《中国行政管理》2015 年第 3 期。

[50]李岩:《特殊教育教师职业认同与工作投入的关系研究》,《中国特殊教育》2018 年第 8 期。

[51]李志、布润、李安然:《基层公务员职业认同特征及其对工作绩效与离职倾向的影响研究》,《重庆大学学报(社会科学版)》2020 年第 3 期。

[52]李宗波、李锐:《挑战性—阻碍性压力源研究述评》,《外国经济与管理》2013 年第 5 期。

[53]吕小康、汪新建:《中国社会心理服务体系的建设构想》,《心理科学》2018 年第 5 期。

[54]厉以宁:《股份制与现代市场经济》,南京:江苏人民出版社,1994 年。

[55]卢震:《党章视域下中国共产党"政治责任"演进历程及经验》,《哈尔滨市委党校学报》2020 年第 5 期。

[56]麻宝斌、马永强:《新时代政府信任的来源——社会公平和经济绩效及其影响力比较》,《理论探讨》2019 年第 3 期。

[57]孟耕合:《基层干部担当作为的影响因素及激励路径研究》,《领导科学》2020 年第 10 期。

[58]马璐、杜大有:《党政领导干部胜任力模型研究综述》,《领导科学》2013 年第 5 期。

[59]马凌远、李晓敏:《民营企业家社会经济地位主观认知与个人慈善捐赠》,《统计研究》2021 年第 1 期。

[60]毛文秀、叶显:《地区主观幸福感对区域企业投资的影响研究》,《金融发展研究》2019 年第 1 期。

[61]毛小平、罗建文:《影响居民幸福感的社会因素研究——基于 CGSS 2005 数据的分析》,《湖南科技大学学报(社会科学版)》2012 年第 3 期。

[62]宁高平、王丽娟:《新时期技能人才培养培训机制研究》,《宏观经济管理》2019 年第 8 期。

[63]诺姆四达集团:《解码胜任力》,北京:光明日报出版社,2014 年。

[64]彭丽丽:《社会心理服务体系建设研究:回顾与展望》,《社区心理学研究》2021 年第 1 期。

[65]皮晚笛、么鸿雁:《爱国卫生运动促进社会心理健康建设的探索》,《健康中国观察》2020 年第 8 期。

[66]齐莹:《基层干部管理应坚持问责与激励并行》,《人民论坛》2019 年第 5 期。

[67]《人民观点:把制度优势转化为治理效能——治理现代化的"中国智慧"》,人民网,http://theory.people.com.cn/n1/2019/1030/c4053131427281.html,2019 年 10 月 30 日。

[68]人民出版社,编:《中共中央关于全面深化改革若干重大问题的决定》,北京:人民出版社,2013 年。

[69]闪淳昌:《提升新时代我国应急管理水平》,《社会治理》2018 年第 25 期。

[70]宋典、芮国强、马冰婕:《政府信任、政治效能感和媒介接触对公民参与的影响——一个基于文明城市创建领域的调查分析》,《苏州大学学报(哲学社会科学版)》2019 年第 3 期。

[71]宋林飞:《国家公共卫生应急管理原则与指标体系》,《社会学研究》2020 年第 4 期。

[72]汤凤林、甘行琼:《中国居民幸福感影响因素分析》,《统计与决策》2013 年第 24 期。

[73]田澜、向领:《大学生学业压力研究综述》,《江苏高教》2010 年第 4 期。

[74]谭旭运:《获得感与美好生活需要的关系研究》,《江苏社会科学》2021 年第 3 期。

[75]谭旭运、董洪杰、张跃,等:《获得感的概念内涵、结构及其对生活满意度的影响》,《社会学研究》2020 年第 5 期。

[76]谭旭运、张若玉、董洪杰,等:《青年人获得感现状及其影响因素》,《中国青年研究》2018 年第 10 期。

[77]谭新雨:《公务员创新行为:文献述评与研究展望》,《公共行政评论》2021 年第 2 期。

[78]乌尔里希·贝克:《风险社会:新的现代性之路》,张文杰、何博闻,译,南京:译林出版社,2018 年。

[79]文宏、刘志鹏:《人民获得感的时序比较——基于中国城乡社会治理数据的实证分析》,《社会科学》2018 年第 3 期。

[80]文军:《新型冠状病毒肺炎疫情的爆发及共同体防控——基于风险社会学视角的考察》,《武汉大学学报(哲学社会科学版)》2020 年第 3 期。

[81]王俊秀:《社会心态:转型社会的社会心理研究》,《社会学研究》2014 年第 1 期。

[82]王俊秀:《不同主观社会阶层的社会心态》,《江苏社会科学》2018 年第 1 期。

[83]王俊秀、刘晓柳:《现状、变化和相互关系:安全感、获得感与幸福感及其提升路径》,《江苏社会科学》2019 年第 1 期。

[84]王俊秀、谭旭运、刘晓柳:《民众安全感、获得感与幸福感的提升路径》,《社会心态心态蓝皮书:中国社会心态研究报告》,王俊秀,主编,北京:社会科学文献出版社,2018 年。

[85]王俊秀、应小萍:《认知、情绪与行动:疫情应急响应下的社会心态》,《探索与争鸣》2020 年第 4 期。

[86]王俊秀、周迎楠、刘晓柳:《信息、信任与信心:风险共同体的建构机制》,《社会学研究》2020年第4期。

[87]王均伟:《弘扬抗疫精神凝聚奋进力量》,《党建》2021年第12期。

[88]王明杰、郑一山:《西方人力资本理论研究综述》,《中国行政管理》2006年第8期。

[89]王鹏、时勘:《培训需求评价的研究概况》,《心理学动态》1998年第4期。

[90]王清:《政府部门间为何合作:政绩共容体的分析框架》,《中国行政管理》2018年第7期。

[91]王文杰:《基层干部"沉默寡言"的根源与因应之策》,《领导科学》2020年第3期。

[92]王先国:《政策落实中上级"甩锅"的惯用伎俩及应对之方》,《领导科学》2019年第19期。

[93]王欣亮、曹蓉:《创新社会治理框架下我国应急管理提升路径研究》,《未来与发展》2017年第41期。

[94]王垚、李小平:《不同人际关系取向下的权力对利他行为的影响》,《心理与行为研究》2015年第4期。

[95]王杨:《公共服务满意度、社会信任与居民幸福感——基于CGSS 2015数据的实证分析》,《苏州科技大学学报(社会科学版)》2019年第4期。

[96]王勇:《中慈联发布〈2019年度中国慈善捐助报告〉我国慈善捐赠的主要来源依然是企业》,《公益时报》,2020年9月22日。

[97]王英来、王智卿、崔寅:《浅议突发事件的应急处置与应急管理——兼论新冠肺炎疫情对我国突发公共卫生事件应急体系和能力建设的启示》,《决策探索(下)》2020年第5期。

[98]王玉良:《缺失与建构:公共冲突治理视域下的政府信任探析》,《中国行政管理》2015年第1期。

[99]吴梅:《企业人力资源管理胜任素质模型的构建》,《统计与决策》2015年第13期。

[100]吴明霞:《30年来西方关于主观幸福感的理论发展》,《心理科学进展》2000年第4期。

[101]万书玉:《当前党政领导干部心理状况分析与思考——基于327名局处级干部的抽样调查》,《中共南京市委党校学报》2016年第4期。

[102]肖捷:《使人民获得感、幸福感、安全感更加充实、更有保障、更可持续(学习贯彻党的十九届六中全会精神)》,《人民日报》,2021年12月3日。

[103]肖群忠:《孝与中国国民性》,《哲学研究》2000年第7期。

[104]肖唐镖、赵宏月:《政治信任的品质对象究竟是什么?——我国民众政治信任的内在结构分析》,《政治学研究》2019年第2期。

[105]肖文涛、许强龙:《基层政府应急预案管理:困境与出路》,《理论探讨》2016年第1期。

[106]习近平:《决胜全面建成小康社会,夺取新时代中国特色社会主义伟大胜利——在中国共产党第十九次全国代表大会上的报告》,北京:人民出版社,2017年。

[107]薛澜:《学习四中全会〈决定〉精神,推进国家应急管理体系和能力现代化》,《公共管理评论》2019年第3期。

[108]薛澜、王郅强、彭宗超,等:《我国应急管理人才培训体系的现状与发展》,《中国应急管理》2011年第8期。

[109]徐庆利、臧传敏:《公共危机治理中公民参与的路径构建》,《陕西行政学院学报》2018年第4期。

[110]徐如明:《宁夏领导干部压力调查》,《中国党政干部论坛》2016年第3期。

[111]徐砺、李禄俊:《社会治理视野下社区心理健康服务体系的构建路径研究》,《绵阳师范学院学报》2019年第3期。

[112]徐文锦:《领导干部心理压力的生成逻辑探析》,《领导科学》2018年第9期。

[113]解晓娜、李小平:《主观社会阶层对亲社会行为的影响》,《心理与行为研究》2018年第4期。

[114]邢占军:《主观幸福感测量研究综述》,《心理科学》2002年第3期。

[115]辛自强:《社会心理服务体系建设的定位与思路》,《心理技术与应用》2018年第5期。

[116]颜彩媛:《基于共享发展的高校贫困大学生获得感提升路径研究》,《牡丹

江教育学院学报》2019 年第 1 期。

[117]俞国良:《社会转型:社会心理服务与社会心理建设》,《心理与行为研究》2017 年第 4 期。

[118]俞可平:《中共的干部教育与国家治理》,《中共浙江省委党校学报》2014 年第 3 期。

[119]于刚强、虞志红、叶阳澍:《政治新常态下基层公务员职业倦怠实证研究——基于珠三角 3 市的问卷调查》,《学术研究》2017 年第 5 期。

[120]杨航、吴真:《我国社会心理咨询服务专业化发展的现状与路径》,《成都师范学院学报》2018 年第 12 期。

[121]杨宜音:《个体与宏观社会的心理关系:社会心态概念的界定》,《社会学研究》2006 年第 4 期。

[122]叶红春:《如何发展运用积极心理资本》,《中国人力资源开发》2004 年第 6 期。

[123]姚芝:《乡镇公务员心理压力及应对策略探析》,《学习论坛》2015 年第 12 期。

[124]袁正、夏波:《信任与幸福:基于 WVS 的中国微观数据》,《中国经济问题》2012 年第 6 期。

[125]张川川、胡志成:《政府信任与社会公共政策参与——以基层选举投票和社会医疗保险参与为例》,《经济学动态》2016 年第 3 期。

[126]张建荣、左新亚:《重大疫情防控下社会心理服务体系优化策略研究》,《社科纵横》2020 年第 5 期。

[127]张旻:《发挥信息公开在疫情防控中的显政功能》,《新华日报》,2020 年 4 月 7 日。

[128]张品:《"获得感"的理论内涵及当代价值》,《河南理工大学学报(社会科学版)》2016 年第 4 期。

[129]张登国:《抗疫行动与 90 后基层干部的职业精神和能力成长》,《中国青年研究》2020 年第 5 期。

[130]张淑敏:《积极组织行为学视角下的双重应激管理模式》,《心理科学进展》2012 年第 12 期。

[131]张雪:《全国工商联:民营企业 2019 年共捐赠 475.12 亿元》,《经济日报

网》，2020 年 1 月 31 日。

[132]张燕：《基于岗位胜任力模型的员工培训体系构建》，《企业改革与管理》
2016 年第 6 期。

[133]张志安、冉桢：《"风险的社会放大"视角下危机事件的风险沟通研究——
以新冠疫情中的政府新闻发布为例》，《新闻界》2020 年第 6 期。

[134]朱迪斯·贝克：《认知疗法基础与应用》，张怡、孙凌、王晨怡，等译，北京：
中国轻工业出版社，2020 年。

[135]郑风田、陈思宇：《获得感是社会发展最优衡量标准——兼评其与幸福
感、包容性发展的区别与联系》，《人民论坛·学术前沿》2017 年第 2 期。

[136]郑学宝、孙健敏：《县级党政领导正职胜任力模型研究》，《中州学刊》2006
年第 1 期。

[137]郑晓莹、彭泗清、彭璐珞：《"达"则兼济天下？社会比较对亲社会行为的
影响及心理机制》，《心理学报》2015 年第 2 期。

[138]中共中央宣传部，编：《习近平新时代中国特色社会主义思想学习纲要》，
北京：学习出版社，2019 年。

[139]中共中央办公厅：《关于进一步激励广大干部新时代新担当新作为的意
见》，2018 年 5 月 20 日。

[140]中共中央办公厅：《中国共产党党员教育管理工作条例》，2019 年 5 月
21 日。

[141]中共中央党史和文献研究院，编：《十九大以来重要文献选编（上册）》，北
京：中央文献出版社，2019 年。

[142]中共浙江温岭市委组织部课题组：《基层干部心理援助问题研究》，《领导
科学》2017 年第 16 期。

[143]周庆智：《让基层干部身心得安，重塑进取心》，《人民论坛》2020 年第 6 期。

[144]周少来：《让制度发力为基层干部减负松绑》，《人民论坛》2020 年第
34 期。

[145]周卓华、项聪、罗瑜：《公务员工作压力调查及管理研究》，《领导科学》
2015 年第 14 期。

[146]臧彤：《浅析自我效能在少儿游泳教学中的应用》，《廊坊师范学院学报

（自然科学版）》2012 年第 12 期。

［147］赵晓明：《人力资源管理研究》，北京：中国人民大学出版社，2001 年。

［148］赵新宇、范欣：《政府治理：以幸福为名——基于中国问卷调查数据的实证研究》，《吉林大学社会科学学报》2016 年第 1 期。

［149］翟学伟：《从社会流动看中国信任结构的变迁》，《探索与争鸣》2019 年第 6 期。

英文文献

［150］Avey J B. Reichard R J，Luthans F，et al. Meta-analysis of the impact of positive psychological capital on employee attitudes，behaviors，and performance. Human Resource Development Quarterly，2011，22 (2)，pp. 127-152.

［151］Bandura A. Social foundations of thought and action：A social cognitive theory. The Academy of Management Review，1986，12(1)，pp. 169-171.

［152］Carrel L F. Training civil servants for crisis management. Journal of Contigencies and Crisis Management，2000，8(4)，pp. 192-196.

［153］Diener E. New findings and future directions for subjective well-being research. American Psychologist，2012，67(8)，pp. 590-597.

［154］Diner E，Emmons R A，Larsen R J，et al. The satisfaction with life scale. Journal of Personality Assessment，1985，49(1)，pp. 71-75.

［155］Hao Z，Liu Y，Zhang J，et al. Political connection，corporate philanthropy and efficiency：Evidence from China's anti-corruption campaign. Journal of Comparative Economics，2020，48(3)，pp. 688-708.

［156］Isen A. Success，failure，attention，and reaction to others：The warm glow of success. Journal of Personality and Social Psychology，1970，15 (4)，pp. 294-301.

［157］Ji L，Khei M，Yap S，et al. Cultural differences in the construal of suffering and the COVID-19 pandemic. Social Psychological and

Personality Science,2021,12(6),pp. 1039-1047.

[158] Ji L, Peng K, Nisbett R E. Culture, control, and perception of relationships in the environment. Journal of Personality & Social Psychology,2000,78(5),pp. 943-55.

[159] Kahirol M S, Nor L S, Gene W G. The development of competency model perceived by Malaysian human resource practitioners' perspectives. Asian Socialence, 2015,11(10),pp. 175-185.

[160] Kozlowski S, Brown K, Weissbein D, et al. A multilevel approach to training effectiveness: Enhancing horizontal and vertical transfer. In Klein K, Kozlowski S (eds.). Multilevel Theory, Research, and Methods in Organizations: Foundations, Extensions, and New Directions. Californai: Jossey-Bass, 2000, pp. 157-210.

[161] Lades L K, Laffan K, Daly M, et al. Daily emotional well-being during the COVID-19 pandemic. British Journal of Health Psychology, 2020, 25(4),pp. 902-911.

[162] Lazarus R S, Folkman S. Stress, Appraisal, and Coping. New York: Springer, 1984.

[163] Li X H, Liang X. A confucian social model of political appointments among Chinese private-firm entrepreneurs. Academy of Management Journal,2015,58(2),pp. 592-617.

[164] Liebe U, Tutic A. Status groups and altruistic behaviour in dictator games. Rationality and Society,2010,22(3),pp. 353-380.

[165] Lopez J, Perez-Rojo G, Noriega C, et al. Psychological well-being among older adults during the COVID-19 outbreak : A comparative study of the young-old and the old-old adults. International Psychogeriatrics, 2020,32(11),pp. 1365-1370.

[166] Luthans F, Avolio B J, Walumbwa F O, et al. The psychological capital of Chinese workers : Exploring the relationship with performance. Management and Organization Review,2005,1(2),pp. 249-271.

[167] Markus H R, Kitayama S. Culture and the self : Implications for cognition, emotion, and motivation. Psychological Review, 1991, 98 (2), pp. 224-253.

[168] Maslow A H. Motivation and Personality. New York : Harper & Row, 1954.

[169] McClelland D C. Testing for competence rather than for "intelligence". The American Psychologist, 1973, 28(1), pp. 1-14.

[170] Miao Q, Newman A, Schwarz G, et al. How leadership and public service motivation enhance innovative behavior. Public Administration Review, 2018, 78(1), pp. 71-81.

[171] Mironova A A. Trust, social capital, and subjective individual well-being. Sociological Research, 2015, 54(2), pp. 121-133.

[172] Nisbett R E, Peng K, Choi I, et al. Culture and systems of thought: Holistic versus analytic cognition. Psychological Review, 2001, 108 (2), pp. 291-310.

[173] Peng K P, Nisbett R E. Culture, dialectics, and reasoning about contradiction. American Psychologist , 1999, 54(9), pp. 741-754.

[174] Recchi E, Ferragina E, Helmeid E, et al. The "eye of the hurricane" paradox: An unexpected and unequal rise of well-being during the COVID-19 lockdown in France. Research in Social Stratification and Mobility, 2020, 68, pp. 1-4.

[175] Reynolds L T, Herman-Kinney N J (eds.). Handbook of Symbolic Interactionism. New York: AltaMira Press, 2003.

[176] Rosa E M, Tudge J. Urie Bronfenbrenner's theory of human development: Its evolution from ecology to bioecology. Journal of Family Theory & Review, 2013, 5(4), pp. 243-258.

[177] Rosenhan D L, Salovey P, Hargis K. The joy of helping : Focus of attention mediates the impact of positive affect on altruism. Journal of Personality and Social Psychology, 1981, 40(5), pp. 899-905.

[178]Satici S A, Kayis A R, Satici B, et al. Resilience, hope, and subjective happiness among the Turkish population: Fear of COVID-19 as a mediator. International Journal of Mental Health and Addiction, 2020, pp. 1-16.

[179]Schwartz R A. Corporate philanthropic contributions. Journal of Finance, 1968, 23(3), pp. 479-497.

[180]Suh E, Diener E, Fujita F. Events and subjective well-being : Only recent events matter. Journal of Personality and Social Psychology, 1996, 70(5), pp. 1091-1102.

[181]Tharenou P, Saks A M, Moore C. A review and critique of research on training and organizational-level outcomes. Human Resource Management Review, 2007, 17(3), pp. 251-273.

[182]Tokuda Y, Fujii S, Inoguchi T. Individual and country-level effects of social trust on happiness: The Asia barometer survey. Journal of Applied Social Psychology, 2010, 40(10), pp. 2574-2593.

[183]Yang Y, Tang M. Finding the ethics of "red capitalists": Political connection and philanthropy of chinese private entrepreneurs. Journal of Business Ethics, 2020, 161(1), pp. 133-147.

[184]Zacher, Hannes, Rudolph C W. Individual differences and changes in subjective wellbeing during the early stages of the COVID-19 pandemic. American Psychologist, 2021, 76(1), pp. 50-62.

后　记

早有写"社会治理现代化背景下群体心态"方面书稿的计划,恰遇新冠肺炎疫情,初期只是觉得这一事件,能为我们的教学科研提供丰富的素材而努力收集资料、踏实开展调研。到后来,发现以突发公共卫生事件为背景研究浙江这一具有标志性地域的民众心态变化特征,总结浙江民营企业家、浙江基层干部这些关键群体在突发公共卫生事件中的重要作用和富有地方特色的治理风格,及时为相关部门提供参考,为同行研究提供思路,是一个基层教研工作者所能做的,也是必须做好的事情。

两年多来,在常规性的教研工作之余,我把很多节假日和晚上的时间用在这本书稿的研究、调查、写作之上。为了一篇稿子的一气呵成,通宵达旦也时常发生。为了获取关键节点的一手资料,2020 年至 2022 年三个春节,我们一直在做跨年调研,譬如"疫情期间民众心态调查""留浙过年务工人员生活满意度调查""企业家对员工当地过年的群体性建议调查"等。其间,有过孤寂,感觉辛苦,但一读到好文章或找到好思路又乐此不疲,特别是接触到疫情期间没日没夜以办公室为家的基层干部,发现自己做得还远远不够,于是又鞭策自己继续努力。

书稿断断续续写了两年多,所以各章节前后必有不畅不顺之处,材料也难免有重复、疏漏。虽然统稿时力求弥补,但因水平有限,不敢说无谬。希望读者见谅并指正。

书稿的写作和出版过程中,得到诸多老师、亲朋好友和同事的关心与帮助。首先,诚挚感谢中国科学院研究员、中国社会心理学会会长张建新老师,当我着手写《社会治理现代化背景下的社会群体心态研究》这一书稿时他就帮忙指导,当我将初稿电子版送他审阅并请他做序时,他一口应许,在百忙之中拨冗写序言,还给了我很多激励,让我再次感受到大家的风范和人格魅力;感谢中国社会科学院研究员杨宜音老师十几轮地召开腾讯视频会议帮助我修改完善书稿中的不少调研问卷,让我再次感受到前辈学者的严谨治学之道;感谢华中科技大学陈志霞教授、中央财经大学辛志勇教授、哈尔滨工程大学赵德雷教授不厌其烦的指导,本书的框架、修改和定稿,无不凝结着你们的心血,你们的博学、专业、严谨和无私帮助,才使得我顺利完成了这份书稿。其次,感谢我的工作单位——中共绍兴市委党校。特别感谢杨宏翔教授、徐志伟副校长、研究室葛斐主任和我的前同事浙江警察学院卢芳霞教授的关心、鼓励、指导与帮助。最后,感谢我的家人,特别感谢我的父母和婆婆的帮助,使我能腾出时间来全心写作;感谢我的丈夫孙永国先生,不仅给予书稿写作和修改方面的行政视角指导,更是给予我一个温馨的家;感谢我的儿子孙煜程,你的独特思维总给我很多写作启迪。

感谢浙江大学出版社的编辑老师们在本书的编辑出版过程中的热忱关心与支持,并花费大量精力细心审阅书稿,改正不少错失之处。

还有太多的人需要感谢,在此一并深表谢意。

李 萍

2022 年 2 月